AF198113

FRANZISKA GRÄFIN
ZU REVENTLOW

Von Paul zu Pedro

Avantgardistin, Bohemienne, Verfechterin der freien Liebe, Freidenkerin – das war Franziska Gräfin zu Reventlow. Und das ist auch die Ich-Erzählerin und Briefschreiberin in ihrem Roman *Von Paul zu Pedro*. Während sie mit viel Esprit und in einem eleganten Plauderton von ihren jüngst erlebten Abenteuern, von illustren Gesellschaften, vom Lieben und Verlieben erzählt, kommt sie dabei immer wieder auf all die Pauls und Pedros zu sprechen, also auf all jene Männer, die sie im Laufe ihres Liebeslebens kennengelernt hat. Ein amüsant-ironischer Briefroman und gleichzeitig das gesellschaftskritische Werk einer unkonventionellen Frau.

FRANZISKA GRÄFIN
ZU REVENTLOW

Von Paul zu Pedro

Amouresken

Mit einem Nachwort von Gunna Wendt

RECLAM

Ja, nun sind Sie wieder fort, lieber Freund – Sie fehlen mir sehr, und ich denke mit einiger Wehmut an unser Beisammensein, vor allem an unsere ›Teegespräche‹ zurück.

Es war doch recht hübsch, wenn wir uns aus Regen und Wind in den *Tea-room* flüchteten und jedes Mal Angst hatten, ob unser Kaminplatz auch frei sein würde.

Wenn wir anderswo sitzen mussten, waren wir eigentlich immer melancholisch. Man wurde auf einmal gewahr, dass die Welt recht ungemütlich sein kann, und wurde selbst ungemütlich. Sie, lieber Doktor, in erster Linie – oh, Sie konnten sehr ungemütlich sein, wenn Sie anfingen, ›es‹ ernsthaft zu nehmen und mir die Seele aus dem Leibe herauszufragen.

Ich weiß schon – gescheite Männer können das manchmal nicht lassen, aber es ist eine üble Angewohnheit, und ich glaube, sie ist schuld daran, dass man so oft die Dummen vorzieht. Und das könnt Ihr dann wieder nicht begreifen.

Lieber Gott, ich denke ja auch manchmal nach, aber es ist immer ungemütlich. Und nun erst zu Zweien – davon bekommt man regelmäßig eine Art moralischen Kater. Sie dürfen mir jetzt auch brieflich nicht zu seriös werden und mich nicht wieder als ›Problem‹ behandeln – ich bin keines –, sonst prophezeie ich unserer Korrespondenz einen frühen Tod.

Einstweilen bin ich noch recht schreibselig aufgelegt, es ist gar so fad, allein in einer fremden Stadt zu sitzen, wenn es regnet, ununterbrochen regnet.

Das vielbesprochene Abenteuer, dem ich mein Hiersein verdanke, ist zu Ende. Es lag ja schon in den letzten Zügen, als Sie herkamen. Sie waren wohl etwas mit schuld daran – er wurde mir so langweilig, er war auch wirklich und wahrhaftig langweilig, aber im Anfang habe ich es nicht so gemerkt.

Mit Ihnen konnte ich mich jedenfalls viel besser unterhalten.

Wenn ich mit ›ihm‹ drei Stunden hier am Kamin sitzen sollte – du liebe Zeit – ich wäre einfach zersprungen. Ich habe ihn auch nie mit hergenommen, aus Pietät für Sie – in solchen Dingen bin ich sehr pietätvoll, Sie können ganz zufrieden sein.

Also, er ist fort – zu seiner Frau und seinen Kindern. Lächeln Sie nicht so niederträchtig, ich kann doch nichts dafür, dass alle möglichen Leute Frau und Kinder haben. Man darf schon froh sein, wenn sie sich nicht scheiden lassen wollen, um einem ›fürs Leben anzugehören‹.

Davor habe ich schon in frühen Jugendjahren einen nachhaltigen Schrecken bekommen. Da wollte einer mit mir durchgehen, der sechs Kinder hatte und natürlich auch eine Frau. Er sagte mir, ich sei eine Sphinx und er selbst ein Schurke – und das machte mir tiefen Eindruck – ich war noch so ganz dumm.

Die große Szene spielte sich in einem Büro ab, und ich hatte das Gefühl, man könne doch eigentlich nicht nein sagen, wenn es so dramatisch herginge. Die Sphinx wirkte wie eine Verpflichtung zu irgendetwas Ungeheuerlichem. – Aber schließlich löste ich mich in Tränen auf und sagte doch nein.

Wir sind uns nachher noch oft auf der Straße begegnet, haben aber nie wieder miteinander gesprochen. Er hat mich nur stumm und leidenschaftlich angesehen. Das war eigentlich recht guter Stil, er bekam dadurch eine Art Nimbus für mich, und ich verzieh ihm die sechs Kinder, die mich erst so entsetzt hatten.

Aber denken Sie nur, wenn ich damals Romantik und schauervolle Wirklichkeit verwechselt hätte, wie es mir leider späterhin noch manchmal passiert ist ...

Nein, ich war meinem Abenteurer hier in der Regenstadt von Herzen dankbar, dass er nicht zum Schurken werden wollte und ruhig heimfuhr. Er hoffte allerdings auf Fortsetzung, aber ich bin nicht dafür. Fortsetzung mit verheirateten Männern ist überhaupt nichts Rechtes, ich hab das Ausleihen niemals gerne gehabt. Es ist gerade so, wie wenn man sich von Freundinnen einen Mantel oder Pelz leiht – dann gefällt er mir, kleidet mich besonders gut, und ich ärgere mich, wenn ich ihn zurückgeben soll. Man kann es auch vergessen oder etwas daran ruinieren, und dann ärgert sich die Freundin. Es gibt immer leicht Unannehmlichkeiten für beide Teile.

Übrigens habe ich gar nicht erst versucht, ihm das zu erklären, es ist unpraktisch, sich mit dem *objet aimé* über diese Fragen zu unterhalten. Ich finde es viel hübscher, wenn er sich bei der Heimreise auf ein Wiedersehen freut.

Und Sie? – Sie können es sicher immer noch nicht begreifen, dass ich mich in ein *objet* verlieben kann, aus dem ich mir im Grunde gar nichts mache, mit dem man sich nach zwei, drei Stunden zu Tode langweilt und nie im Leben ein richtiges Teegespräch führen könnte.

Aber Sie dürfen eigentlich ganz damit einverstanden sein, ich meine, es hat sich doch immer alles aufs Schönste ergänzt. Mir schien auch, dass Sie sich in Ihrer diesmaligen Rolle als ›Konversationsliebe‹ ganz wohl fühlten. Zu Ihnen flüchtete ich mich immer wieder, wenn er gar zu stumpfsinnig wurde. Nur, wenn wir einmal unseren richtigen Platz nicht bekamen und Sie, fern vom Kamin, zu tiefgründig waren – dann bekam ich wieder Sehnsucht nach ihm und stahl mich ans Telefon. Zum Beispiel, als Sie verlangten, ich sollte Hölderlins Hyperion lesen – oder wollen Sie immer noch nicht zugeben, dass Ihr Ansinnen deplatziert war? Im Süden und wenn man gerade romantisch aufgelegt ist – mit Vergnügen. Aber bei dem Regen und unter diesen Umständen – ich hab's ja versucht, aber das Einzige, was mir Eindruck machte, war die Stelle: »Guter Junge! es regnet.« Und das gab meine Empfindungen so erschöpfend wieder, dass ich ganz glücklich war. Aber ich glaube, das haben weder Sie noch er begriffen.

Denken Sie darüber nach, lieber Freund, und leben Sie für heute recht wohl. .

2

Ich fürchte, ich werde mich nie daran gewöhnen, meine Briefe zu datieren. Tue ich es einmal, weil ich denke, es müsste sein, so ist das Datum gewöhnlich falsch. Man weiß es gerade nicht, hat keine Lust erst nachzusehen und schreibt irgendein beliebiges hin, weil es doch ganz gleichgültig ist, ob mein Brief am dritten oder am zehnten November geschrieben wurde. Ich datiere eigentlich nur, wenn ich einen Brief verbummelt habe und meine Nachlässigkeit beschönigen will. Und dann schreibt man natürlich absichtlich ein falsches Datum. Ich halte das, wie so viele kleine Lügen, für eine liebenswürdige Rücksicht, durch die man anderen ein ärgerliches Gefühl erspart.

Bei den ersten Jugendlieben schrieb ich immer ein pathetisches Datum: sieben Uhr morgens – die Vögel zwitschern schon vor meinem Fenster; – ob sie wirklich zwitscherten, weiß ich heute nicht mehr zu sagen, aber es machte sich so hübsch. Oder: Mitternacht – meine Tante ist schon schlafen gegangen …

Soll ich das bei Ihnen auch so machen? Etwa: zwei Uhr früh – eben geht er die Treppe hinunter – die Stufen knarren, und es wäre mir sehr peinlich, wenn man ihn hörte.

Sie würden natürlich gleich alles Mögliche wissen wollen: wer denn? – und wieso? – und was gefällt Ihnen nun schon wieder an diesem Menschen?

Ich hab's ja gleich gewusst, o Freund meiner Seele, als Ihr Brief kam. Gleich gewusst, dass Sie Ihr Steckenpferd – man könnte es allmählich wohl eher als Streitross bezeichnen – wieder gehörig tummeln würden. Kann man Sie denn immer noch nicht davon kurieren? Sind wieder einmal alle Teegespräche und alle Demonstrationen am lebenden Objekt umsonst gewesen? Ich fürchte: Ja – Sie werden stets von neuem beklagen, dass gerade die Frauen, die man am meisten schätzt, so ›furchtbar wahllos‹ sind. – Und ich habe gar keine Lust, Ihnen immer wieder etwas vorzuleben, damit Sie zur Einsicht kommen. Ich müsste mich denn zur Abwechselung einmal nach *Ihrem* Geschmack richten, und das – nein, das ist zu viel verlangt.

Übrigens behauptet fast jeder Mann, man sei wahllos. Der eine begreift nicht, dass man sich in einen Friseurtypus oder Tenor verlieben kann, und würde Naturburschen verzeihlicher finden. Der andere hat keine Auffassung dafür, dass exotischer Typ und gebrochenes Deutsch zu den unwiderstehlichen Attraktionen gehören.

Nun – das wenigstens haben Sie mir ja manchmal nachfühlen können. Aber für ›Paul‹ hatten Sie kein Verständnis – gar keines. Sie fanden es nicht recht der Mühe wert, dass ich seinetwegen hierher fuhr, dass Sie Ihr eigenes Reiseprogramm umstürzen und wir beide vierzehn Tage im Regen herumlaufen mussten. Es tut mir leid, aber ich muss bei dem Gedanken so lachen, dass meine Teenachbarn mich eben ganz erstaunt ansehen.

Ja, Paul – Paul war in diesem Fall nur ein Sammelname. Er hieß gar nicht Paul – er war es nur. Es gibt eine bestimmte Art von Erlebnis, das ich Paul nenne, aus dankbarer Erinnerung an seinen ersten Vertreter. Ich meinte auch, ich hätte Ihnen das schon einmal erklärt, aber Sie haben es anscheinend nicht ganz begriffen.

Paul ist eine Begebenheit, die immer von Zeit zu Zeit wiederkehrt. Nicht etwa, weil sie besonders tiefen Eindruck gemacht hätte – im Gegenteil, Paul ist immer etwas Lustiges, Belangloses, ohne Bedenken und ohne Konsequenzen. Aber er kommt immer wieder, wenn auch jedes Mal in etwas veränderter Form und Gestalt.

Paul kann alles Mögliche sein, verheiratet oder Junggeselle, Leutnant, Ingenieur, junger Arzt, Afrikareisender – es kommt auch vor, dass er gar keinen Beruf hat.

Manchmal ist er auch ›drüben‹ geboren, dann nennt er sich Pablo und rollt das R – vorausgesetzt, dass der Vorname stimmt, was merkwürdigerweise oft, aber natürlich nicht immer der Fall ist.

Man lernt ihn in Sommerfrischen, in Hotels und auf Reisen kennen; an einem festen Wohnort – nein, ich glaube kaum, höchstens wenn er sich vorübergehend dort aufhält. Zu Paul gehören immer Koffer und Kellner, irgendeine momentane und geräuschvolle Umgebung. Man erkennt ihn auf den ersten Blick, wenn er einem im Coupé gegenübersitzt oder in ein Hotel hereinkommt, weiß sofort: Das ist Paul. Es dauert auch nie sehr lange, bis man sich kennt, duzt (mit Paul muss man sich duzen, es geht nicht anders) und ganz genau weiß, wie sich nun alles entwickeln wird. Ich habe mir auch angewöhnt, ihn immer so zu nennen. Wenn ich das erste Mal sage: du, Paul – so ist er sehr erstaunt und fragt, mit wem ich ihn jetzt verwechselt habe. – Nun, mit Paul natürlich – und dann bleibt es dabei. Ich hüte mich wohl, ihn aufzuklären, dass es in Wirklichkeit gar keine Verwechslung ist. Er würde es nicht verstehen.

Paul ist auch selten eifersüchtig, wahrscheinlich, weil er sich seiner wechselvollen Vergänglichkeit dunkel bewusst ist. Er wird mir auch sicher niemals Vorwürfe über meine Wahllosigkeit machen.

Und Sie denken jetzt wohl: Gott sei Dank, dass ich nicht Paul bin. Sie haben nicht ganz Unrecht – Paul wird in der Regel bald langweilig, und man entflieht in den *Tea-room*.

3

Gestern habe ich lebhaft an Sie denken müssen. O Regenstadt – o *Tea-room* – o Teegespräch!

Ich habe inzwischen verschiedene Leute kennen gelernt, und diese verschiedenen Leute saßen gestern hier an unserer geheiligten Stätte zusammen und verrannten, verbohrten, verwickelten sich in ein endloses Gerede über Liebe, Erotik und was dazugehört.

Apropos – Erotik! ich kann das Wort bald nicht mehr hören. Schade, dass es kein anderes dafür gibt. Die allerunmöglichsten Leute führen es schon im Munde und schmücken ihre unsympathischen oder obskuren Erlebnisse damit. Es geht nicht mehr, wir sollten es uns abgewöhnen – ja, aber im Teegespräch müssen wir es wohl *faute de mieux* einstweilen noch beibehalten, da hört es ja auch niemand.

Was wollte ich Ihnen denn erzählen? – Dass diese Leute wieder einmal das Wesen aller Dinge endgültig feststellten, alles schön sortierten, in Schachteln taten und Etiketten darauf klebten, nach meinem Gefühl aber immer in die falsche Schachtel und mit falscher Etikette.

Liebe und Erotik zum Beispiel kamen in denselben Karton. Ich brauchte nur bis Paul zu denken – oder, wenn es Ihnen lieber ist, an Sie, um das unbillig zu finden.

Ach, mein Gott, wenn alles immer Liebe oder auch nur etwas Ähnliches sein sollte, wo käme man da hin? Jedes Mal Seligkeit, wenn es anfängt, ›Konflikte‹, während es dauert, und große Tragik, wenn es zu Ende geht – so etwa schienen diese Gerechten es sich vorzustellen – nein, das möchte wirklich zu weit führen.

Die Frau wolle doch wenigstens die Illusion haben, dass sie liebt, wenn sie einem Manne angehört – meinte jemand, und die anderen stimmten ihm bei.

Das ist hart, sehr hart. Schon das diktatorische: *die* Frau, *der* Mann. Wer sind diese Frau und dieser Mann?

Warum wohl überhaupt diese Sucht, diese schöne Vielfältigkeit des Lebens und all seiner Möglichkeiten abzuleugnen oder wenigstens nach Kräften einzuschränken? Wie Kellner – es gibt solche –, die gerne die große Speisekarte wegstecken, damit man das bequeme, aber unausstehliche Menü wählen soll.

›Man‹ tut doch schließlich in erster Linie, was einen freut, und weil es einen freut. Und das ist natürlich jedes Mal etwas anderes. Es kann wohl manchmal Liebe und ›große Leidenschaft‹ sein, aber ein andermal – viele, viele andere Male ist es nur Pläsier, Abenteuer, Situation, Höflichkeit – Moment – Langeweile und alles Mögliche. Jede einzelne Spielart hat ihre besonderen Reize, und das Ensemble aller dieser Reize dürfte man wohl Erotik nennen.

Es kommt ›der Frau‹ auch gar nicht in den Sinn, sich immer einzureden, dass es Liebe ist, im Gegenteil, das wäre ihr manchmal nur peinlich, und sie ist recht froh, dass es sich anders verhält. Man braucht doch auch Erholung vom Ernst des Lebens.

Und Liebe? Unter Liebe verstehe ich – nun, eine seriöse Dauersache. Aber Sie dürfen mir diesen Begriff nicht zu optimistisch auffassen. Dauersache ist alles, was – sagen wir, was monatelang dauert – seriöse Dauersache, wenn es viele Monate sind; über ein Jahr – dann wird es schon Verhängnis mit einem Stich ins Ewige. Natürlich gibt es auch Dauersachen mit Unterbrechung und viele andere Variationen.

Damit war meine gestrige Gesellschaft durchaus nicht einverstanden, und man versuchte mich mit vielen Fragen in die Enge zu treiben. Aber dann mache ich mir's bequem und verstumme. Ich habe überhaupt nicht viel Sinn für theoretische Fragen, außer, wenn es mich momentan reizt, zu widersprechen. Das ganze Gerede ist so überflüssig, es sollte wenigstens Konversation bleiben – wie mit Ihnen. Dann hat es seinen Reiz.

Und wie angenehm, dass man als Frau keine Logik zu haben braucht! Denken Sie, wenn ich all meine mühsam erworbene Lebensweisheit in Schachteln ordnen sollte – ach nein, ich werfe lieber alles durcheinander in eine Schublade und hole gelegentlich heraus, was mir – oder anderen Spaß macht.

Im Anschluss an das Liebesproblem kamen natürlich auch die ›wertvollen Menschen‹ aufs Tapet – also Wasser auf Ihre Mühle – die wertvolle Frau, die so oft und unbegreiflicherweise ihr Gefühl an unwürdige Objekte verschwendet, und der wertvolle Mann, der ungeliebt beiseite steht, ja und so weiter, die ganze Litanei.

Teuerster Doktor, gerade damit haben Sie mir ja auch so oft, so oft zugesetzt. Und ich habe mich so redlich bemüht, Ihnen plausibel zu machen, dass innerer Wert gar nichts mit erotischer Attraktion zu tun hat. Wenn mir jemand gefällt, frage ich doch den Teufel danach, wie es mit seinem inneren Wert bestellt ist. Kommt beides zufällig zusammen – *tant mieux*. Dann ist es natürlich auch etwas anderes als die bloße Aventiure, die keine Fortsetzungen verträgt, weil der Partner einem als Mensch ganz gleichgültig ist und man nichts mehr mit ihm anzufangen weiß.

Geht es um Ernstliches, so muss allerdings irgendetwas da sein, was für mich persönlich Wert hat, mir erfreulich, wohltuend, unentbehrlich erscheint oder mir imponiert, kurz, was ich haben möchte. An denen, die man liebt, will man wohl irgendetwas schätzen, manchmal schätzt man sie auch in Bausch und Bogen, oder bildet sich's wenigstens eine Zeitlang ein.

Ja, das ist dann Liebe, solange die Attraktion dauert; und wenn sie aufhört, so ist es unangenehm, weil man sich wirklich gerne hat.

Ich halte schon deshalb nichts davon, dass man sich allzu intensiv zusammenlebt und dann in bitterem Leid auf Nimmerwiedersehen auseinandergeht. Bei jeder besseren amourösen Angelegenheit sollten Anfang und Ende überhaupt nicht so scharf umrissen sein.

Ja, ich habe bei dieser angeregten Abendunterhaltung mein stilles Vergnügen gehabt, und wenn ich meine eigenen Amouren Revue passieren lasse, die tragischen und die heiteren, seriöse Dauersachen und flüchtige Minnehändel – wie sie sich nacheinander, nebeneinander und durcheinander abspielten, so fügt sich für mein Empfinden alles ganz von selbst zur schönsten Harmonie zusammen. Auch wenn – *cher ami*, das gilt Ihnen mit – andere Leute so oft etwas daran auszusetzen haben.

4

Ganz richtig, das ist sonderbar – gerade wir bösen, unbeständigen Menschenkinder werden oft so ungemein ernsthaft geliebt, wie man nur unbescholtene junge Mädchen und ›anständige‹ Frauen lieben sollte. Zumeist wohl von den ›dummen Jungen‹, und das ist sehr hübsch – ich habe große Sympathie für sie – manchmal aber auch von ganz intelligenten Männern mit innerem Wert, und damit ist dann nicht so leicht fertig zu werden. Besonders, wenn sie uns zwingen wollen, Tiefen zu offenbaren, über die wir gar nicht verfügen.

Am schlimmsten ist der Typus ›Retter‹ – und glauben Sie mir, man darf sich noch so weit und noch so lange auf der schiefen Ebene befinden, es tauchen immer wieder Männer auf, die uns durch wahre Liebe retten wollen.

Vielleicht darf man das nicht so verallgemeinern, ich kann ja nur aus eigener Erfahrung reden und mache möglicherweise einen ganz besonders rettungsbedürftigen oder geeigneten Eindruck. Wie auch die geistlichen Erzieher meiner frühen Jugend immer noch einen guten Kern in mir entdeckten und die Hoffnung nie ganz aufgaben.

Der Retter meint es gut und aufrichtig, schon das ist schwer zu ertragen. Und er leidet durch die Bank an unheilbarer Selbstüberschätzung, hält sich eben für den, der imstande sei, unser zerflattertes Liebesleben einzufangen und auf einen Hauptpunkt, nämlich auf sich selbst zu konzentrieren. Er findet, es sei ein Jammer, dass wir uns zeitlebens so weggeworfen haben, an so viele, die es nicht wert waren (darin würden Sie sich also ganz gut mit ihm verstehen) – ja, wenn wir nur einmal an den Rechten gekommen wären – wie anders, Gretchen! Der Retter hält sich – das liegt auf der Hand – für den, der es selbst jetzt noch vermöchte, das Wunder zu vollbringen. Dabei ist er trotz allem: wie schade um diese Frau – merkwürdig tolerant gegen unsere

Vergangenheit, empfindet sie mehr als Verirrung: Ihr ist viel vergeben, denn sie hat viel geliebt. Sie hat keinen Halt in sich selbst und keinen an anderen gehabt, hat sich von ihrem Temperament hinreißen lassen, und das haben die schlechten Männer sich zunutze gemacht.

Ja, er lässt es an Verständnis nicht fehlen und ist überzeugt, man habe jeden, dem man sich ›hingegeben‹, glühend und tief geliebt, aber er war es natürlich in den seltensten Fällen wert. Der Retter sagt gerne: ›armes Kind‹ und streicht einem dabei die Haare aus der Stirn – eine unausstehliche Angewohnheit, man darf nie vergessen, ein Taschenkämmchen mitzunehmen.

Manchmal bietet er auch pekuniäre Hilfe an, aber mit dem Gefühl, dass für ›sie‹ doch eigentlich etwas Degradierendes darin liegt und es ihr sehr peinlich sein müsse (ach, Doktor, es ist ihr durchaus nicht peinlich, sie tut nur manchmal so – aus guter Erziehung).

Die Bekanntschaft mit dem Retter ist natürlich immer ein Missgriff und entspringt aus momentaner Sentimentalität oder einer unangenehmen Situation, die durch ihn behoben wird – oder, wenn man sich gerade mit jemand anders gezankt hat. Man fällt ihm bei irgendeiner Gelegenheit in die Arme.

Der Retter will kein Philister sein – Gott bewahre. Er verwirft auch die illegitimen Liebesfreuden an sich durchaus nicht, fasst sie nur viel zu ernst auf und sucht ihnen eine ethische Weihe zu verleihen. Er betrachtet jede Schäferstunde als Anlass zu ernsten Gesprächen und zu heillosem Ausfragen – besonders in Bezug auf Zahlen und Daten (und man rechnet doch so ungerne und sagt nie die Wahrheit – der Retter würde sie auch nicht vertragen).

Trotz der schlagendsten Gegenbeweise hält er an dem Dogma von der monogamen Veranlagung der Frau fest.

Er ist unbequem und nimmt es übel, wenn man nicht viel Zeit für ihn übrig hat. So schlägt er gerne mehrtägige Ausflüge vor, damit man einmal wirklich etwas voneinander hat und alles

Trübe und Schwere von sich abschütteln kann – in Klammern: weil man draußen in Gottes freier Natur sicherer ist, dass die geliebte Frau nicht so oft alten Bekannten begegnet, oder dass es plötzlich klingelt und alle möglichen Leute zum Tee kommen, von denen man nicht recht weiß, warum und wieso?

Ach Gott, und ich finde amouröse Ausflüge überhaupt eine unglückliche Erfindung – ich kann sie nicht ausstehen, vor allem nicht mit Rettern oder mit wertvollen Menschen. Höchstens mit Paul – oder vielleicht mit Ihnen – pardon, pardon, dass ich Sie schon wieder mit Paul zusammenstelle und so oft auf seine Vorzüge zurückkomme. Es geschieht wirklich nicht aus Bosheit, aber ich lebe immer noch mit einem Fuß in der jüngsten Vergangenheit, in der schönen Zeit unseres Dreiecks.

Mit dem Retter dauert es übrigens meist nicht lange. Er wünscht selbstredend eine seriöse Dauersache, und man lehnt tragisch ab: zu spät – man kennt sich selbst zu gut – leider – es bringt niemandem Glück, mich zu lieben – besser, man geht seinen dornenvollen Pfad alleine weiter, bis es ein Ende mit Schrecken nimmt. Oft wünscht der Retter sich ein Kind – gerade von dieser Frau – ich weiß nicht warum, vielleicht weil sie dann in seinen Augen ›ganz anders dastehen würde‹ – und er nimmt es übel, wenn sie lieber darauf verzichtet.

In diesem Fall würde er sie als Ehrenmann selbstverständlich heiraten, sie dürfte auch um des Kindes willen nicht nein sagen. Einer von meinen Rettern wollte mich auch ohne Kind heiraten; er war verlobt, als wir uns kennen lernten, und löste dann seine Verlobung auf. Stellen Sie sich meinen Schrecken vor, als er mir das freudestrahlend mitteilte – wir trafen uns im Bahnhof, um aufs Land zu fahren – ich war geradezu entsetzt. Gott sei Dank wurde er daraufhin an mir irre, und ich fuhr nicht mit ihm aufs Land, sondern ohne ihn nach Hause. Daher stammt wohl auch meine Idiosynkrasie vor Ausflügen. Diese Art Menschen wollen ja auch immer ein ›volles Glück‹, wenn sie heiraten, und das hätte er an meiner Seite schwerlich gefunden. Die Idee vom ›vollen

Glück‹ hat für mich immer etwas so Trostloses, Bedrückendes. Es klingt so peinlich definitiv, als ob dann alles vorbei wäre, wie wenn man sich schon bei Lebzeiten seinen Sarg bestellt.

Nur als Backfisch habe ich auch eine Zeit lang davon geträumt: Eines schönen Tages wird man heiraten, und dann ist man glücklich, die Sache ist erledigt. Aber dann wieder – ich erinnere mich deutlich an einen Ball im Elternhause, wo ich zum ersten Mal mittanzen durfte und meine Gefühle in großer Verwirrung waren. Ich war vierzehn Jahre alt, die Tänzer behandelten mich wie eine erwachsene Dame, nannten mich Sie und sagten mir schöne Sachen. Und in drei von ihnen war ich zum Sterben verliebt. Ich sehe sie noch vor mir, alle drei waren sehr elegant und trugen die modernsten Stehkragen – ich weiß nicht, warum gerade die Kragen mir so viel Eindruck machten. Zwei waren brünett und einer blond. Die beiden Brünetten gefielen mir beinah noch besser, aber ich liebte auch den Blonden. Und ich weiß noch so gut, wie ich damals dachte, dass man doch immer nur einen Mann heiraten könnte; wenn man nun aber dreie liebt – was dann? Die Frage hat mir viel Kopfzerbrechen gemacht. – Übrigens trugen sie alle drei Zwicker – ich hätte mich dazumal nie in einen Mann ohne Zwicker verliebt, er wäre mir nicht ganz vollständig vorgekommen.

Sehen Sie, all diese armen Leute mit dem vollen Glück werden doch nur einmal wirklich glücklich, und wir werden und sind es so oft. Dass wir es nicht ewig bleiben – nun, daran glaube ich auch bei den anderen nicht recht. Der Rausch verfliegt, und was dann? – Die Räusche verfliegen auch, aber es kommen neue.

Mein lieber Freund, der Retter ist ein unlustiges Thema – er fällt auf die Nerven, auch wenn man nur von ihm spricht. Er wirkt wie eine schwüle Atmosphäre, der man so bald wie möglich wieder entrinnen möchte.

Also – ich entrinne hiermit Ihnen, den Rettern und dem Briefschreiben. Hätte ich doch immer einen so guten Vorwand, wenn ich nicht mehr schreiben mag.

5

Ich bitte Sie, liebster Doktor, schelten Sie nicht schon wieder über meine Zerstreutheit – gerade Sie haben verhältnismäßig wenig darunter zu leiden gehabt, ich verwechsele Sie schon längst nicht mehr mit anderen Bekannten – ich weiß immer, wer Sie sind und wie wir miteinander stehen.

Sie können beim besten Willen nicht begreifen, dass ich Frau N…, mit der wir einen so netten Abend verlebten, nicht wiedererkannte? Damen erkenne ich fast nie wieder, sie sehen doch jedes Mal anders aus – andere Toiletten, andere Hüte, andere Begleiter …

Und der nette Abend hat Ihnen anscheinend mehr Eindruck gemacht als mir. Du liebe Zeit, ich habe mehr als einmal Leute nicht wiedererkannt, mit denen ich noch viel nettere Abende verlebt hatte – und die es mir tödlich übelnahmen.

Ihr Brief gefällt mir überhaupt nicht sehr, er klingt etwas trübselig und verstimmt. Und ich bin gerade so guter Laune, so ohne jeden Grund seelenvergnügt. Das ist bei mir ja öfters der Fall, und ich weiß schon, dass es manche Mitmenschen geradezu irritiert. Sie nehmen Ärgernis daran, dass man ohne Anlass glücklich ist, umso mehr, wenn man infolge aller möglichen Lebensumstände Grund genug hätte, sich unglücklich oder wenigstens unbehaglich zu fühlen.

Aber sei dem, wie es will – ich kann diese schwarze Stimmung bei Ihnen nicht ausstehen – mich macht es wiederum nervös, wenn ich jemand ohne schwerwiegende Veranlassung Trübsal blasen sehe. Und ich habe den edlen Vorsatz, Sie ein wenig zu trösten.

Wären Sie hier, dann könnte ich Ihnen doch wenigstens die Falten von der Stirn streichen oder – *je vous donnerais une de ces heures, qu'un homme n'oublie jamais.* (Diese hübsche Wendung ist leider ein Plagiat, ich habe sie irgendwo gelesen.)

Aber Sie sind nicht da und grollen nur irgendwo in der Ferne, weil ich Frau N… gegenüber einen so heillosen *faux pas* begangen habe. – Schade, dass Sie nicht dabei waren, wie ich sie im Vorbeigehen leutselig auf die Schulter tippte: Ja, Lily, wie kommen Sie denn hierher? – Doktor R… ist schon fort! Das Gesicht, mit dem sie sich da umdrehte, werde ich nie vergessen.

Es ist auch ein Kreuz, dass sie ganz genau weiß, um wen es sich handelt, und jetzt natürlich glaubt, ›jene Person‹ sei mit Ihnen hier gewesen. Was tun? Soll ich ihr einen Besuch machen und Ihre Schuldlosigkeit dartun? Ich fürchte, es würde nur das Gegenteil erreicht und Frau N… möchte unsere Beziehungen falsch einschätzen. Armer Freund, da habe ich Ihnen einen rechten Henkersdienst erwiesen, und ich trachte doch immer nur danach, Sie glücklich zu machen.

Soll ich Ihnen als Balsam für diese Wunde von einer Frau erzählen, die manchmal noch viel zerstreuter war, als – nun, als ich bei der Begegnung mit Frau N…? Sie behauptete und behauptet immer noch, es sei eine Art Neurose. Ihr Gedächtnis in Bezug auf Persönlichkeiten und Begebnisse sei zeitweilig überbürdet worden und habe dadurch gelitten. Sie geriet denn auch manchmal in eine Art somnambulen Zustand, verwechselte alles und alle – Situationen, Personalien, Erlebnisse, Namen, Gesichter – und schuf sich und anderen manches Herzeleid. Eben diese Dame reiste viel herum und, wie es nun einmal zum Reisen gehört, mit verschiedenen Begleitern und unter verschiedenen Namen. Dabei geschah es des Öfteren, dass sie den gegenwärtigen Zustand mit irgendeinem früheren verwechselte, zum Beispiel von Bukarest nach Konstantinopel telegraphierte: Komme mir bis Salzburg entgegen – und einen Namen darunter, den der Betreffende noch nie gehört hatte. Oder wenn sie mit Sir John auf dem Starnberger See eine Segelpartie machte, sagte sie plötzlich aus tiefem Sinnen heraus: »Du – Hans, wie das Mykalegebirge heute klar ist – wir sollten doch morgen einmal nach Smyrna hinüberfahren.« (Worauf Sir John antwortete: *Very well*, aber ich wollte lieber morgen früh in Norwegen Supper essen.)

Zu ihrem Leidwesen besaßen nicht alle ihre Freunde so viel liebenswürdige Anpassungsfähigkeit. So hatte sie einmal eine ungewöhnlich dauerhafte und in jeder Beziehung erfreuliche Liaison, auf die sie sehr viel Wert legte. Es wurde sogar ernstlich erwogen, ob man sich nicht heiraten solle. Der Mann war wohlhabend, sympathisch und viel auf Reisen – und sie befand sich gerade in einer jener inneren Krisen, wo man sich nach Ruhe und nach einer ›Basis‹ sehnt. Aber ein unglücklicher Zufall, wie sie es nannte, gab der Sache eine andere Wendung.

Der Betreffende war einige Monate verreist gewesen, und als sie zum ersten Mal wieder einen Abend mit ihm verbrachte, ging sie, nicht ohne innere Bewegung, durch sämtliche Räume seiner Wohnung und feierte Wiedersehen mit allen vertrauten Gegenständen. Dabei blieb sie plötzlich in der offenen Tür zum Schlafzimmer stehen, betrachtete nachdenklich das breite englische Messingbett und sagte: »Du – die Seide an dem Bett war doch immer rot – warum hast du es jetzt in Grün machen lassen? Und wo ist der Kranich geblieben?«

Ja, und dann konnte sie zuerst nicht begreifen, warum diese harmlose Äußerung ihn so verstimmte – die Seide war immer grün gewesen und grün geblieben, aber es gab genau dasselbe Bett in Rot, und das stand in der Wohnung eines ihrer gemeinsamen Bekannten. Und darüber am Plafond hing ein ausgestopfter Kranich mit ausgebreiteten Flügeln, der sich langsam drehte, wenn das Zimmer stark geheizt war. Der gemeinsame Bekannte hatte eben einen sonderbaren Geschmack – und der ausgestopfte Kranich über seinem roten Bett war schuld daran, dass unsere zerstreute Freundin wieder einmal nicht dazu kam, ihr Dasein auf eine feste Basis zu stellen.

So etwas ist Schicksal. – Der Mann meinte nachher, sie sei

doch wohl nicht zur Ehe prädestiniert, denn sie würde bei jeder Gelegenheit wieder Grün mit Rot und stilisierte Ampeln mit Kranichen verwechseln.

Ja, ja – Zerstreutheit *in amore* soll eine bedenkliche Sache sein.

Trotzdem haben Sie, lieber Doktor, noch unlängst eben diese Eigenschaft bei einer Dame Ihrer Bekanntschaft als reizvollen Zug bezeichnet und verschiedene liebenswürdige Bosheiten darüber gesagt. Unter anderem wollten Sie öfters und mit Vergnügen beobachtet haben, wie sie den ganzen Abend irgendein langweiliges oder unausstehliches *vis-à-vis* aus reiner Gedankenlosigkeit überaus seelenvoll ansah. Das unausstehliche *vis-à-vis* glaubte schon eine ganze Welt von Empfindung in ihr geweckt zu haben, aber sie hatte nur an jemand anders gedacht und war höchst erstaunt, wenn es Konsequenzen daraus ziehen wollte.

Sie haben mir auch erzählt, wie Sie diese Ihre Freundin eines Abends abholten – sie stand vor einem Schrank und suchte endlos nach ihren Handschuhen. Sie halfen ihr suchen, und dabei kam es zu einigen liebenswürdigen Annäherungen Ihrerseits, die sie gelassen annahm und erwiderte. Sie – der Doktor R... – dachten: endlich! Denn der Fall war konversationsweise schon mehrmals zwischen Ihnen beiden erörtert worden.

Sie fühlten sich dann nachher etwas enttäuscht, als Ihre Freundin Sie bei Tisch seelenvoll ansah und sagte: »Nehmen Sie es nicht übel, aber ich muss jetzt die ganze Zeit darüber nachdenken, ob ich Ihnen nicht schon einmal an diesem Schrank einen Kuss gegeben habe, als ich meine Handschuhe nicht finden konnte – ja, nein – richtig – da hab ich ja den Schleier gesucht und ...«

Armer Doktor, an dem Abend fanden Sie den amourösen Somnambulismus, wie Sie es nannten, gar nicht ›reizvoll‹ und malten ihr mit einiger Bitterkeit aus, wie es in noch intimeren

Situationen wirken möchte, wenn die geliebte Frau plötzlich sagt: Hören Sie – wir haben uns doch schon früher – ja, nein – Pardon, damals kannte ich Sie ja noch gar nicht.

Leben Sie wohl – es ist spät, und wenn ich noch weiterschreibe, könnte ich vielleicht zu indiskret werden.

6

Dankend quittiert, *cher ami.*

Ihre Niederträchtigkeiten sind mir viel lieber als Ihre sentimentalen Anwandlungen.

Lassen wir Frau N... begraben sein, wenn Sie es verschmerzen können.

Und mein Ruf... nein, wissen Sie – in diesem Punkt muss ich Sie doch wohl etwas enttäuschen. Ich stehe gar nicht so sehr über diesen Dingen, wie Sie meinen.

Manchmal finde ich es verzweifelt unbequem, einen schlechten Ruf zu haben. Wäre ich noch einmal achtzehn Jahre alt, so würde ich die Sache anders angreifen, mich entweder ganz in die Tiefe begeben oder darauf schauen, gesellschaftlich durchaus oben zu bleiben. Der Mittelweg ist in diesem Fall an Freuden vielleicht reicher, aber jedenfalls bei weitem der unbequemste. Die Leute wissen so oft nicht, für was sie einen nehmen sollen.

Und der schlechte Ruf verpflichtet. Man kann sich so vieles nicht leisten, was eine unbescholtene Frau ruhig tun darf.

Jedes männliche Wesen, mit dem man über die Straße oder ins Restaurant geht, wird einem aufgerechnet. Sind es zufällig vier oder fünf an einem Tag, so werden alle vier oder fünf gebucht.

Folglich ist es peinlich, wenn man mit einem alten Professor oder mit drei grünen Jungen gesehen wird, oder wenn ein Jugendfreund in Velvethosen uns anspricht. Man dürfte sich nur mit solchen sehen lassen, die einem stehen oder die man sich gerne nachsagen lässt.

Bedenken Sie nur, wie viele Schwierigkeiten sich daraus ergeben und was für komplizierte Schiebungen manchmal notwendig sind. Es gab eine Zeit – zu meinem Leidwesen muss ich es erwähnen – wo ich mich in einer solchen Lebensekstase, in einem so fortgesetzten Herzenstumult befand, dass ich wenig oder gar keinen Blick für dergleichen Äußerlichkeiten hatte. Es wird mir in der Erinnerung wirklich schwer, mich da hineinzudenken, aber ich weiß es als historische Tatsache. Und dazumal habe ich wohl mein Renommee schon so übel zugerichtet, dass es sich nie wieder ganz erholt hat.

Das war dumm, ungeheuer dumm, und ich würde heute jedem blutjungen Mädel, das leben und kompromittieren verwechselt, aufs dringendste raten, seinen Ruf zu wahren, bis es in dieser oder jener Welt – ich meine in Lebekreisen oder in der Gesellschaft – eine feste Position hat. Die Ausnahmestellung zwischen beiden Welten ist vom Übel, außer wenn sie ungemein glänzend finanziert ist.

Und Sie? – fragt mein Freund, der Doktor. – *Cher ami*, Anwesende sind immer ausgenommen. Ich weiß in jeder Blüte den Honig zu finden und lasse das Gift wohlweislich darin. So habe ich auch gar keine Neigung, unter diesen Kalamitäten zu leiden, sie sind mir höchstens lästig und machen mich gelegentlich nervös.

Nehmen wir an, ich kenne einen wirklich reizenden Menschen, mit dem ich mich sehr gerne unterhalte, aber er trägt Künstlerhüte oder einen unmöglichen Kragen – lässt es sich auch nicht abgewöhnen, denn er befindet sich ganz wohl dabei. Es würde mir sicher Vergnügen machen, einen Abend mit ihm zusammen im Café zu sitzen – mein Ruf verbietet es mir. Der Schlapphut würde sofort zu meinen Intimen gerechnet, und das lasse ich nicht gerne auf mir sitzen. Auch wenn es ein noch so wertvoller Mensch ist, lieber Doktor.

In M… gab es in alten Zeiten ein verschwiegenes und entlegenes Weinrestaurant, das ich zu solchen Zwecken kultivierte. Ich will Ihnen die Adresse gern verraten und auch, dass ich manche meiner männlichen Bekannten dort getroffen habe – wenn sie mit der Toilette oder der sozialen Rangstufe ihrer Begleiterinnen nicht ganz einverstanden waren. Man wechselte dann einen stummen Blick, verstand und ignorierte sich. Und die, mit denen ich hinging, pflegten sich über meine Vorliebe für dieses mesquine Lokal zu wundern. Eben diese Leute, die keinen Wert auf ihr Äußeres legen, gehen mit Vorliebe in elegante Restaurants, um zu zeigen, dass auch sie zu leben verstehen.

Oder man muss in solchem Fall den bösen Schein durch irgendeinen starken Gegensatz korrigieren.

Erinnern Sie sich noch an den deprimierten Jüngling, den ich mir vergangenes Jahr an die Sohlen geheftet hatte, wie Sie so hübsch zu sagen pflegten? Er war zum Verzagen langweilig, aber unwiderstehlich, absolut unwiderstehlich elegant.

Als ich ihn gerade kennengelernt hatte und noch nicht unterzubringen wusste, fanden Lily – Ihre Lily – und ich zufällig ein Inserat in der Zeitung, das uns frappierte. Es lautete: Elegante Begleitdogge zu verkaufen – oder zu kaufen gesucht, das weiß ich nicht mehr.

Nach diesem Inserat wurde der Jüngling dann benannt und eingereiht.

Bei mir war gerade *saison morte*, ich hatte eine Herzensangelegenheit, die mich sehr in Anspruch nahm und in jeder Beziehung ganz nach Wunsch war, bis auf eine pathologische Vorliebe für farbenfrohe Krawatten. Ich machte es mir zur Lebensaufgabe, ihn davon zu heilen. Wie oft, ach, wie oft saßen wir stundenlang im Laden und ließen uns Krawatten, immer nur Krawatten vorlegen. Ich bot all meinen Einfluss auf, aber selbst wenn nach schwerem Kampf eine annähernd glückliche Wahl zustande gekommen war, so entdeckte er sicher im letzten Moment noch irgendein furchtbares Blau, Gelb oder Violett, das er durchaus haben musste. Ich habe ihn wirklich geliebt, aber die farbenfrohen Krawatten kosteten mich meine Seelenruhe. Auf die Länge war es geradezu aufreibend. Meine einzige Erholung war die elegante Begleitdogge, denn man konnte überall und ohne Hemmungsgefühle mit ihr hingehen. Sie war immer vorhanden – immer melancholisch und immer *tip top* wanderte sie unentwegt mit langen Schritten und müder Haltung neben mir durch Straßen und Restaurants.

Gesprochen haben wir – der Jüngling und ich – oft stundenlang kein Wort, oder er schüttete mir sein wundes Herz aus, und ich hörte zu. Er hatte eine larmoyante Stimme und eine larmoyante Seele. Niemals konnte er die Frau finden, die er suchte, und wenn er sie einmal fand, wie zum Beispiel mich, so hatte sie gerade eine seriöse Dauersache mit farbenfrohen Krawatten. Darüber konnte er, wenn wir zusammen waren, endlos fortjammern, immer in derselben Tonlage. Unter anderen Umständen wäre mir das vielleicht schrecklich auf die Nerven gefallen, aber so wie alles lag, erholte ich mich, während er friedlich fortlamentierte, von allen stürmischen Gefühlen und von den Krawattenhalluzinationen, die mich sonst verfolgten.

Manchmal musste ich ihn auch an Lily ausleihen, wenn sie irgendwo besonderen Eindruck machen wollte, wie bei ihren Theateragenten oder beim Schneider. Die arme Lily war damals gerade etwas reduziert und brauchte in jeder Beziehung Kredit.

Aber sie missbrauchte meine Großmut – sie telegraphierte dann auch noch späterhin, ich glaube aus Königsberg oder Stettin: »Schäbige Bande hier – bitte auf eine Woche Begleitdogge schicken.« Das war zu viel, und ich antwortete: »Unmöglich – brauche Dogge selbst.« – Und unsere Freundschaft bekam darüber einen argen Riss.

Ich hätte ihr ja gerne den Gefallen getan, aber eine ganze Woche – es war undenkbar, wir waren uns zu unentbehrlich. Er konnte nicht mehr ohne unglückliche Liebe leben. Lily eignete sich nicht dafür, sie hätte ihn vielleicht glücklich gemacht, und meine Neigung zu dem Krawattenmann wäre vorzeitig in Trümmer gegangen, wenn die elegante Begleitdogge nicht mehr an meiner Seite wandelte.

Aber über diesen schönen Erinnerungen vergesse ich ganz, worüber ich Sie denn eigentlich aufklären wollte. Ja, richtig, ich wollte Ihnen auseinandersetzen, wie sehr der schlechte Ruf zur Korrektheit verpflichtet.

Manchmal stellt er auch in der entgegengesetzten Richtung Anforderungen, die ebenso lästig sind.

Man nimmt es uns förmlich übel, wenn wir uns zu ordentlich benehmen, ärgert sich, dass wir so durchaus salonfähig sind und die Hoffnung auf ganz besondere Sensationen nicht erfüllen. – Gehörst du einmal zum Zirkus, so spring durch Reifen und schlage Purzelbäume – ja, aber wir haben manchmal gar keine Lust, wir wollen zur Abwechslung auch einmal Zuschauer sein, in der Loge sitzen und Konversation machen.

Hier und da ist es wirklich ein großes Vergnügen, nur langweilig und korrekt zu sein.

Darüber ließe sich noch vieles sagen, aber ein andermal …

7

Ihr Brief – mein lieber Freund, wer wollte noch behaupten, dass wir keine Ideale haben? Zu viel, immer noch zu viel! Ihre ›Beziehung‹ zu Yvonne – Yvonne, die es gar nicht gibt – und vielleicht gibt es sie doch und Sie begegnen ihr eines Tages auf der Treppe.

Und der fremde Mann? – Er hat eine starke Familienähnlichkeit mit Yvonne, aber es geht mir besser als Ihnen – es gibt ihn – und ich bin ihm schon öfters auf der Treppe begegnet.

O bitte, kommen Sie mir nicht wieder mit der Frau vom Meer – ich kenne das – sowie man den fremden Mann erwähnt. Aber ich habe keine Sympathie für die Dame, sie hat es wirklich nicht verstanden. Der richtige fremde Mann verträgt kein Pathos – und wie kann man nur mit dem Gedanken umgehen, ihm zu folgen – ihn womöglich gar zu heiraten. Und auf der anderen Seite – ihn ganz laufen zu lassen, um mit einem alten Landarzt glücklich zu werden? Das ist mindestens ebenso unverzeihlich.

Überhaupt – der fremde Mann muss in erster Linie ein Gentleman sein, sehr elegant, sehr *comme il faut* und mit dem ›infamen Charme‹ – aber doch um Gottes willen nicht ein Schiffskapitän mit Zuchthaustendenzen. Es wäre deshalb eigentlich richtiger zu sagen: der fremde Herr.

Und er darf niemals zur Beziehung werden, muss in der Versenkung verschwinden, ehe das in Betracht kommen könnte. Er tut es auch, sonst ist er eben nicht echt gewesen.

Etwas davon liegt wohl im ersten Anfang jedes Minnehandels – es ist ja immer schade, wenn man sich erst kennen oder gar lieben und schätzen lernt. Aber der ganz große Reiz ist das Erlebnis mit einem Fremden.

Ich sitze abends im Lesezimmer eines Hotels. – Er auch, aber an einem anderen Tisch. – Ich schreibe. – Er liest. – Er schaut hier und da herüber – ich auch. – Ich weiß gleich, dass er es ist – er hat den infamen Charme. – Gott sei Dank, er ist echt, denn er spricht mich nicht an. Er weiß auch, dass ich es bin.

Eigentlich warte ich auf jemand anders und weiß nicht recht, wie es werden soll. Aber er weiß es ganz genau und liest ruhig weiter.

Endlich ruft man mich ans Telefon. Er, der andere, auf den ich warte, kann heute nicht mehr kommen.

»Was willst du denn heute Abend anfangen?« – »Oh, ich gehe schlafen.« – »Also dann auf morgen.« – Abläuten …

Der fremde Herr legt seine Zeitung weg, ganz langsam, ganz ruhig. – Ich gehe zum Lift – er auch. Das Hotel ist sehr groß, hat sehr viele Stockwerke, ist sehr überfüllt. – Wir sind beide stehen geblieben, stehen uns gegenüber. – Er ist sehr hoch, sieht mir von oben herunter in die Augen. – Der Lift gleitet, hält an jeder Etage und Zwischenetage, denn der Boy ist verschlafen und scheint zu meinen, dass überall jemand aussteigt. – Wir haben auch das Gefühl, dass der kleine Raum immer leerer wird, immer einsamer. – Unsere Augen lassen sich nicht los – der fremde Herr sagt kein Wort, beugt sich langsam zu mir herunter – wir sehen uns immer noch in die Augen – unsere Lippen ›finden sich‹. – Der Lift geht durch eine ganze Ewigkeit. – Kein Wort wird gesprochen – der Lift hält.

Und ich mache hier eine Pause, lieber Freund.

Der Herr im Lift ist der Idealfall – der erfüllte Traum. Nicht immer sind die Götter so neidlos. Manchmal lernt man ihn auch kennen, sieht sich wieder, dann ist natürlich alles entwertet. Hat man einmal mit dem fremden Mann gefrühstückt, so ist der Zauber gebrochen. Dann wird es ein ganz gewöhnliches Erlebnis.

Aber ich will Ihnen noch von einer sehr merkwürdigen Ausnahme erzählen – von einer jahrelangen Beziehung, die immer der fremde Mann blieb. Jahrelang – ja, da horchen Sie auf – es waren sogar ziemlich viele Jahre, es hat auch eigentlich nie einen bestimmten Anfang gehabt und hat nie ein definitives Ende genommen.

Wie und wo wir uns zum ersten Mal sahen, gehört nicht hierher – seien Sie nicht zu neugierig; wenn ich eine uralte Dame mit weißen Haaren bin, erzähle ich es Ihnen vielleicht einmal, jetzt sicher nicht. Aber die damaligen Umstände brachten es mit sich, dass er mich nie bei Tage aufsuchen konnte. Auf die Länge ließ sich das natürlich nicht vermeiden, aber dann machte es auch keinen Eindruck mehr, dass er einen Namen und eine Position im Leben hatte. Er blieb der fremde Mann. Es war zur Tradition geworden, dass wir jede nähere persönliche Bekanntschaft, jedes Übergreifen unserer Beziehungen auf unser sonstiges Dasein vermieden. Und ich muss sagen, dass wir es wirklich verstanden, diese Tradition zu kultivieren. Unser Verkehr blieb immer zeremoniell, unpersönlich und voller Distanz. Wir haben uns nie auch nur für einen Moment geduzt, sind nie zusammen ausgegangen oder dergleichen. Trafen wir uns doch einmal, im Theater oder bei ähnlichen Gelegenheiten, so grüßten wir uns aus der Ferne. War es nicht zu vermeiden, so ließ er sich mir auch vorstellen, und wir wechselten einige höfliche Redensarten.

Er hatte immer meine Adresse und meine Schlüssel, bei jedem Wechsel meiner Wohnung oder meiner Lebenslage verfehlte ich nicht, ihm diese beiden Dinge zuzustellen. (Sie können sich wohl denken, dass seine Schlüsselsammlung mit der Zeit beträchtlich angewachsen ist.)

Er meldete sein Erscheinen durch ein Billett oder Telegramm – dann war ich immer für ihn zu Hause. Und darin bewies er seine wahrhaft antike Seelengröße: Wie und wo er mich auch im Lauf der Zeiten aufgesucht und gefunden hat, ob in einer eigenen Wohnung, im Hotel oder einer gänzlich improvisierten Umgebung – er verzog nie eine Miene, wunderte sich nie, fragte nie – erschien zu den spätesten und unwahrscheinlichsten Stunden – immer korrekt, immer fremder Herr. Und ging ebenso wieder fort, ehe der graue Alltag das Leben wieder wahrscheinlich machte.

Manchmal kam er auch erst gegen Morgen, wenn ich längst schlief, stand auf einmal mit dem Zylinder in der Hand da – das schätzte ich ganz besonders. – Oder ich glaubte nur von ihm geträumt zu haben und fand dann beim Aufwachen Blumen, die nur von ihm sein konnten – er brachte immer Blumen mit. Solche Erinnerungen liebe ich sehr – auch noch manche andere – wenn wir in der Morgendämmerung am Fenster Kaffee tranken und uns korrekt und gebildet unterhielten. Wenn er dann die Straße entlang ging, sah ich ihm nach, und es hatte so viel Reiz, gar keine greifbare Vorstellung von seinem Leben zu haben, keine Ahnung von seiner Umgebung, nicht zu wissen, mit was für Menschen er verkehrt und wie er mit ihnen ist.

Andere Frauen – das hat mich eigentlich nie interessiert. Ich habe späterhin aus verschiedenen Andeutungen kombiniert, dass er eine ›himmlische Liebe‹ hatte, eine sehr unglückliche. Bei anderen Männern habe ich das manchmal etwas dumm gefunden, aber bei ihm hatte es viel Charme und gab eine düstere Nuance, die ihm gut stand.

Übrigens verloren wir uns zeitweise ganz aus den Augen, er machte öfters lange Reisen, und ich war ja immer viel unterwegs. Ich habe dann auch kaum an ihn gedacht – ob er an mich dachte, weiß ich nicht. Aber wenn wir uns beide nach M… zurückfanden, war wieder alles wie vorher. Nur gehörte es unverbrüchlich zu unserer Tradition, dass wir in der Silvesternacht zusammenkamen, denn der 31. Dezember war der Ausgangspunkt unserer Beziehungen gewesen. Mit oder ohne Verabredung, ich wusste, dass er dann kommen würde; und meine sonstigen Bekannten haben sich immer gewundert, warum ich bei jeder Neujahrsfeier geheimnisvoll vom Schauplatz verschwand, sobald es zwölf Uhr geschlagen hatte.

Doch am Ende die ›große Leidenschaft‹, die Sie in meinem Dasein so schmerzlich vermissen und die immer noch entdeckt werden soll? – Gott bewahre, gerade zur Zeit der glücklichsten und intensivsten Lieben schätze ich ihn am meisten und hatte förmlich Sehnsucht nach ihm, wenn ich ihn lange nicht sah. Und war er zeitweilig nicht vorhanden, so wurde ich auch gegen die anderen kühler.

Töricht genug von den anderen, dass sie samt und sonders eine starke Abneigung gegen den ›großen Unbekannten‹ hatten und nie begreifen wollten, dass Eifersucht in diesem Fall ganz sinnlos war.

Ja, lieber Freund, der fremde Mann ist ein inhaltsschweres Kapitel in meinem Leben und eines, das ich immer gerne wieder lese – aber nicht alle dürfen dabei mit ins Buch sehen wie Sie. Wenn Sie es doch nur einmal anerkennen wollten, wie sehr ich Sie verwöhne.

8

Also auch Sie, Brutus – neigen zu eifersüchtigen Betrachtungen, wenn Sie des fremden Mannes gedenken. Wie dumm von Ihnen – Verzeihung für das harte Wort, aber ich bin so daran gewöhnt, dass Sie immer intelligent sind.

Vielleicht kann ich auch darüber nicht mitreden, ich habe kein oder sehr wenig Organ für Eifersucht – das ist mir schon häufig wie ein schwerer Defekt vorgehalten worden.

»Dann haben Sie noch nie wirklich geliebt« – wie oft habe ich das zu hören bekommen – und nichts darauf geantwortet. A *quoi bon?* – Das weiß doch nur Gott allein.

Richtiger gesagt wäre wohl: nie lange genug geliebt.

Für mich dauert jede Liebe, auch die ganz ernsthafte, nur so lange, wie ich eben die stärkste Attraktion für den in Frage kommenden Mann bin. Dann hört sie ganz von selbst auf. Und dass er meine Hauptattraktion war, ist immer schon vorher zu Ende gewesen. Auch habe ich nie das Verlangen gehabt, einen Menschen ganz zu ›besitzen‹ oder ihn über Gebühr festzuhalten. Dazu ist das Leben zu kurz. Und wer mich festhalten wollte – es kam hier und da vor – ist niemals sehr zufrieden mit dem Erfolg gewesen.

Meine Unbeständigkeit ist also eigentlich ein schöner und altruistischer Zug, es macht mir gar kein Vergnügen, anderen Leiden zu verursachen.

Ebenso wenig gereicht es mir zur Freude, wenn man mich mit Eifersucht plagt, ich habe nie recht begriffen, warum die Menschheit diese unangenehmen Emotionen so kultiviert. – Treue ist vielleicht eine besondere Begabung, ein Talent. Wie kann man Talent von jemand verlangen, der es nicht hat? Aber ich meine, es lässt sich durch Takt und Diskretion ersetzen.

Es ist doch jedes Mal etwas anderes, was uns zu den verschiedenen Menschen hinzieht: Der fremde Mann ist tiefe Sensation ohne Gemütsbeteiligung – ein anderer geht ans Herz und weckt wahres Gefühl – ein junger Knabe lockt uns zu einem romantischen Frühlingserlebnis – dann gibt es wieder jemand, mit dem man sich nur amüsiert, oder es läuft zufällig und geschwind irgendein heiteres Abenteuer über den Weg ... Doktor, ich kann Ihnen beim besten Willen nicht alle die vielen bunten Möglichkeiten an den Fingern herzählen, aber Sie werden zugeben, dass sie sich schwerlich in einem einzelnen Menschen beisammenfinden. Und im Leben lassen sie sich auch nicht so hübsch der Reihe nach anordnen. Es gerät immer alles durcheinander.

Sie haben mir einmal einen Vortrag über ›typische Erlebnisse‹ gehalten. Ich glaube, der andere, die anderen sind von jeher mein typisches Erlebnis gewesen. Und deshalb kam ich nie dazu, einem treu zu bleiben. Schon allein der fremde Mann hat es auch in den stabilsten Zeiten unmöglich gemacht.

Ein harmloses Beispiel:

A... holt mich ab, zu irgendeiner Unternehmung. B..., der mich auch abholen will, kommt dazu. Wir gehen also alle drei miteinander. Zu merken: Ich stehe beiden noch ganz unbescholten gegenüber. – In Bezug auf A... habe ich meine Vermutungen – er lädt mich denn auch auf übermorgen ein, aber es interessiert mich einstweilen noch nicht besonders. B... begleitet mich heim – ich habe gar keine Vorahnungen, aber es folgt ›une de ces heures‹ und so weiter ... und dann natürlich auch eine Verabredung auf übermorgen.

Der Abend mit A... geht in Szene und endigt schicksalsvoll, wir verlieben uns heftig und auf Dauersache. Ich fühle auch gar kein Verlangen, ihn gleich von vornherein zu hintergehen, aber ich habe B... auch sehr gerne und würde es ungerecht finden, ihn nun umgehend wieder zu versetzen. Wie peinlich außerdem, ihm beim ersten Rendezvous zu sagen: Ich habe mich gestern in A... verliebt – leben Sie wohl!

Am meisten Kopfzerbrechen hat mir die Frage gemacht, welcher von ihnen nun eigentlich der andere war.

Und das ist immerhin noch ein einfacher Fall, die Sache kann auch komplizierter liegen.

Nein, guter Freund, es ist, weiß Gott, nicht immer leicht, seinen ›erotischen Verpflichtungen‹ nachzukommen. Monogamie und Treue sind sicher eine große Vereinfachung des ›Problems‹.

Sie möchten wissen, was es mit der irdischen und himmlischen Liebe für eine Bewandtnis hat. Es ist eine häufige Erscheinung – ich kenne mehr als einen Mann, in dessen Liebesleben diese sinnige und zweckmäßige Zweiteilung eine Rolle spielt. Ob sie auch bei Frauen vorkommt, weiß ich nicht. Von Frauen weiß man überhaupt sehr wenig, wenn man selber eine ist.

Die himmlische ist natürlich ein ›Wesen‹, das weit über allen anderen steht und das er aus irgendwelchen Gründen nicht in realere Sphären hinabziehen kann oder will – so etwa, was man eine Lichtgestalt nennt. Es gehört dazu, dass sie für ihn und sein irdisches Treiben die nötige Auffassung hat, er darf schuldbeladen zu ihr kommen und fühlt sich durch ihr Verstehen entsühnt. Das haben ja manche Männer gern.

Die irdische ist – nun, einfach eine Frau, mit der man intim liiert ist. Vor allem muss sie einer Bedingung entsprechen: Sie darf ihn nicht ganz für sich haben wollen und nicht neugierig auf die himmlische sein.

Es ist auch überflüssig, denn er ist manchmal innerlich zerrissen, und dann erzählt er aus eigenem Antrieb von ihr. Man tut am besten, ergriffen zu schweigen.

Die irdische Liebe kann natürlich wechseln, die himmlische bleibt im Allgemeinen dieselbe. Ich bin, soweit ich mich erinnern kann, immer nur die irdische gewesen.

Man hat mir erzählt, dass die irdische manchmal sehr böse wird, weil die andere ihm in seelischer Beziehung mehr bedeutet. Ach du liebe Zeit, seelische Eifersucht ist nun vollends nicht meine Sache. Man lasse doch seine Seele unvermählt! – Im Gegenteil, man denkt nicht ohne Vergnügen, die himmlische hätte allen Grund eifersüchtig zu sein. Sie ist es auch gewiss.

Die himmlische Liebe ist meistens eine verheiratete Frau. Entweder ist sie mit ihrem Mann nicht glücklich geworden und hat dann erst den anderen kennengelernt. Oder sie kannten und liebten sich schon vorher, und aus einem oder dem anderen zwingenden Grunde hat sie ihn nicht geheiratet. Die beste Konstellation ist, wenn sie sich erst zu spät darüber klar wurden, dass sie für einander geschaffen waren – überhaupt irgendein unseliges: zu spät, das nun seinen Schatten auf beider Leben wirft.

Manchmal – seltener – ist es auch ein junges Mädchen, das er später einmal heiraten will.

Die mit der himmlischen Liebe sind also eigentlich die monogamen Männer oder solche, die es werden möchten.

Sie vertiefen sich mit großem Interesse in das Leben der unmonogamen Frau und zittern in dem Gedanken, die himmlische Liebe könne auch einmal ähnlich empfinden.

Teurer Freund, ich renommiere gerne damit, dass man mich niemals versetzt hat, aber bei dieser Gelegenheit fällt mir aufs Herz, dass mein blanker Schild doch wohl einen Flecken aufzuweisen hat. Einmal – ja, einmal hat eine himmlische Liebe mich zu Fall gebracht. Sie war zu stark, und er fühlte sich dem Zwiespalt nicht mehr gewachsen, konnte mir nicht länger angehören, weil er immer an diese Frau dachte, die ihm nie angehören würde.

Das teilte er mir sehr betrübt mit, und für mein einfaches Gemüt war es entschieden zu kompliziert. Ich gab mir alle Mühe, es tragisch zu nehmen, denn ich hatte ihn sehr gern, aber ich empfand im Grunde doch nur etwas Ähnliches wie: Guter Junge! es regnet! – Und als ich ihn nach einiger Zeit wiedersah, konnte ich ihn nicht mehr ausstehen, er fiel mir nur noch auf die Nerven. – Halten Sie es für möglich, dass das am Ende doch Eifersucht war?

9

Mir geht es ebenso, lieber Doktor – weder Ihnen noch mir selbst weiß ich das Rätsel zu lösen, warum ich so lange in der Regenstadt hängen geblieben bin.

Ich konnte mich einfach nicht wieder fortfinden. Das passiert mir eben hier und da. – Es war so von Herzen langweilig, immer dieselben grauen Straßen, dieselben beschaulichen Nachmittagsstunden in ›unserem‹ *Tea-room* vor dem Kamin – immer dieselben Menschen – nein, das stimmt nicht ganz, es waren auch manchmal andere. Aber gerade in all dieser grauen Langeweile lag etwas, wovon ich mich nicht trennen konnte – etwas von Abgeschiedenheit und Klosterfrieden.

Ja, das war es wohl – ich habe es so oft bedauert, dass es nicht mehr Mode ist, von Zeit zu Zeit ins Kloster zu gehen und eine Retraite zu machen wie in früheren Zeiten. Denken Sie, wie schön es sein muss, wenn man müde vom sündigen Welttreiben, tief verschleiert und in tiefes Schwarz gekleidet, aus dem Wagen steigt, an der Klosterpforte läutet und von einer milden Äbtissin empfangen wird – um ein paar Wochen gründlich auszuschlafen.

Die Regenstadt war so eine Art Retraite für mich – wenigstens in den letzten Wochen. Aber jetzt hat sie lange genug gedauert – ich bekomme manchmal sentimentalische Anwandlungen.

So verfolgt mich dieser Tage ein Vers – in meiner Backfischzeit schrieb ein Onkel, den ich sehr liebte, ihn mir ins Stammbuch:

Stehe aufrecht an dem Steuer –
Mit dem Schiff lass spielen Wind und Wellen –
Wind und Wellen nicht mit deinem Herzen –

und darunter: einer, der dich kennt.

Mir scheint, der Onkel hat mich doch nicht sehr gut gekannt, sonst hätte er sich die Mahnung wohl von vornherein sparen können. – Wind und Wellen haben seit damals ganz erheblich sowohl mit dem Schiff als auch mit dem Herzen gespielt – und das Steuer – ich fürchte, es war überhaupt eine überflüssige Einrichtung, ich habe nie versucht, es in Tätigkeit zu setzen.

Auch jetzt schwanke ich wieder einmal, wohin die Fahrt gehen soll. Manchmal hatte ich schon beinahe Lust, in die heimischen Gefilde zurückzukehren. Natürlich vor allem, um Sie durch meine Nähe zu beglücken. Aber Sie wissen ja, ich habe die schlechte Gewohnheit, bei jeder Abreise meine jeweilige Daseinsform aufs Gründlichste aufzulösen, und muss mich dann bei der Rückkehr von neuem ›etablieren‹. Dazu bin ich jetzt nicht aufgelegt – absolut nicht.

Wissen Sie auch, Doktor, dass es verschiedene Heimwehs gibt? Eines nach der wirklichen Heimat, vorausgesetzt, dass man eine gehabt hat – das ist recht zwecklos und gibt sich auch mit der Zeit. Dann ein Gewohnheitsheimweh, nach dem Ort oder den Orten, wo man länger gelebt hat. Und schließlich ein ganz starkes nach der Fremde, nach Eisenbahnen, Dampfschiffen, fremden Sprachen, Koffern und Hotels.

Ich weiß, wenn das alles wieder um mich ist, fühle ich mich zu Hause, und zu Hause ohne alle Sentimentalität.

Kurz, lieber Freund, dahin steht jetzt mein Verlangen. Die bekannte innere Stimme rät mir dringend ab, es wieder mit einem Wohnort zu versuchen. Wohnorte eignen sich doch nie recht für mich, und ich eigne mich nicht für die Wohnorte, es gibt also nur Konflikte.

Ich glaube, mir kommt alles im Leben immer zu provisorisch vor, und ich nehme es dann auch zu sehr in diesem Sinne. Vielleicht bin ich selbst eben nur provisorisch gedacht, nur ›entworfen‹. Es will mir manchmal so scheinen.

Aber es ist wirklich zum Gottserbarmen, was ich da heute zusammenschreibe, und es wird besser sein, ich höre auf.

Machen Sie sich deshalb um meinen Gemütszustand keine Sorge, es ist wohl nur die lange Retraite und der Abschied von der nassen Stadt, was mich so nachdenklich stimmt.

Und trösten Sie sich, lieber Freund, dass ich einstweilen noch nicht auf der Bildfläche erscheine – vielleicht finden Sie inzwischen Yvonne – und wenn Sie gar nichts finden – kommen Sie mir nach.

/

10

Nun bin ich fort – die Regenstadt liegt in weiter Ferne, die Klosterpforte hat sich hinter mir geschlossen, bis zur nächsten Retraite – die Äbtissin ... die Äbtissin war sehr liebenswürdig und hofft – machen wir drei Kreuze hinter ihre Hoffnungen.

Bahnhöfe und Hotelzimmer – ich bin sehr glücklich. Ein unschätzbares Gefühl: nicht hier und nicht da, sondern einfach *fort* zu sein.

Dass ich den ersten Brief aus Venedig schreibe – Kopfschütteln Ihrerseits – Venedig? – Was wollen Sie, mein Freund; wieder einmal Schicksal, wieder einmal typisches Erlebnis.

Nein, ich wollte auch gar nicht hierher, aber wenn ich nach Italien gehe, will ich regelmäßig nicht nach Venedig und komme regelmäßig doch hin. Erinnern Sie sich noch an das letzte Mal, als ich unerwartet und reisefertig zu Ihnen hinaufkam und Ihnen kundtat, ich müsse auf zwei Tage nach Brindisi fahren? Es handelte sich um ein längst ersehntes Wiedersehen, und das ließ sich durchaus nicht anders arrangieren als eben in Brindisi. Es sollte auch sonst niemand darum wissen, aber an der Bahn traf ich einen entfernten Bekannten, der in denselben Zug stieg. Tags zuvor hatte ich ihm mit vieler Mühe vorgeschwindelt, ich wollte nach Berlin fahren. – Nun fuhren wir zusammen bis Verona, und es half mir nichts – zur Strafe für den Schwindel musste ich ihm versprechen: auf der Rückreise einen Tag Venedig.

An diese Reise denke ich heute noch mit Vergnügen. Italien und ich flogen so einander vorbei, es hat mir noch nie so gut gefallen. Den Tag im Coupé, die Nacht im Schlafwagen – ein paar Stunden Rom, ein paar in Neapel, vierundzwanzig Stunden in dem gottverlassenen Brindisi – gerade genug für Wiedersehen und Abschied. Dann wieder Eisenbahn, Eisenbahn – übernächtig, glücklich und etwas wehmütig – irgendwann um Mitternacht in Venedig – auf dem Kanal, auf dem Markusplatz, im Hotel – mit dem entfernten Bekannten.

Genau sechs Tage nach der Abfahrt saß ich wieder bei Ihnen und hab Ihnen zur Strafe recht wenig erzählt. Denn Sie mokierten sich weidlich über meinen Ritt ins romantische Land und hatten allerlei schwarze Verdächtigungen. Dass ich wirklich aus alter Treue – in der alten Treue bin ich immer stärker gewesen als in der neuen – in Brindisi war, daran glauben Sie ja noch heute nicht.

Und diesmal geschieht Ihnen ganz recht, dass es nicht viel zu erzählen gibt – es ist kaum der Rede wert – nur die harmlose Geschichte vom roten Faden, die Ihre Sensationslust hoffentlich etwas enttäuscht.

Die Geschichte vom roten Faden handelt nämlich nur von einem Erlebnis, das nie zustande kam.

Ich muss etwas ausholen, denn die Anfänge der Begebenheit liegen schon um einige Jahre zurück, aber ich will es so kurz wie möglich machen.

Wir waren damals, was man einen animierten Kreis nennt, und S..., der Held meiner Geschichte, gehörte mit zu diesem Kreise. Ein Freund von ihm war mein sehr guter Freund, mit dem ich gerade auf Reisen gehen wollte. Man war noch mitten in den Flitterwochen. Wir brauchten volle zwei Monate, um endlich fortzukommen, derweil lebten und wohnten wir zwischen unzähligen Koffern, die immer wieder aus- und eingepackt wurden, zwischen Flinten, Sattelzeug und wissenschaftlichen Apparaten, die uns alle begleiten sollten, und feierten unaufhörlich Abschiedsfeste, denn jeder Tag konnte der letzte sein. Es war eine beständige Konfusion von Wohnungen, Hausschlüsseln und improvisierten Nachtquartieren, woraus sich viele schwierige und heitere Situationen und eine angenehm sündhafte Atmosphäre ergaben. Wir – S... und ich – waren uns von Anfang an sympathisch und flirteten weidlich miteinander; aber ganz in Ehren, der Sachlage angemessen. Man blinzelte sich gewissermaßen zu: jetzt nicht, aber vielleicht später einmal.

Und dieses: später einmal – bildet den Inhalt der ganzen Historie. Ich ging auf Reisen und kam wieder zurück, man sah sich wieder, und inzwischen war Verschiedenes anders geworden. S… und ich setzten uns ins Einvernehmen, dass jetzt der Moment gekommen sein dürfte. – Aber es sollte nicht sein. Ich weiß nicht, wie oft wir schon beisammensaßen und trauliche Zwiesprache pflogen – jedes Mal gab es eine gänzlich unvorhergesehene Unterbrechung. Wir gaben uns Rendezvous, duzten uns auch einmal schon acht Tage lang – immer wieder kam etwas dazwischen. Wir hatten schließlich das Gefühl, als ob das Schicksal – meines oder seines – uns durch Detektive überwachen ließe, die pünktlich im gegebenen Moment uns die Hand auf die Schulter legten: bis hierher und nicht weiter.

Ich erinnere mich vor allem an einen Abend, wo er siegesfroh bei mir zum Souper erschien. Wir waren beide etwas verlegen und dachten: … ja … nun … Aber es klingelte, und eine Freundin kam – ebenfalls mit Souperabsichten. Das wäre ja an sich noch nicht so schlimm gewesen – wir soupierten also zu dreien mit vieler Heiterkeit. S… wollte sie dann heimbegleiten – ein Blick: Ich komme wieder …

Fünf Minuten später kamen alle beide die Treppe wieder herauf – der Schlüssel war in der Haustür abgebrochen. Es gab also wieder einmal Nachtquartier in der Mehrzahl, das die ironische Vorsehung schon so oft über uns verhängt hatte. Gute Miene und böses Spiel, denn die räumlichen Verhältnisse ermöglichten wohl eine pikante Situation zu dreien, verwehrten aber jedes tête-à-tête. Nie vergesse ich den schmerzlichen Zug um seine Lippen, als er morgens beim Abschied sagte: Ich möchte wissen, in welcher Konstellation wir das nächste Mal übernachten werden.

Aber es blieb bei dieser letzten, denn ich verreiste bald darauf und er verlobte sich – heiratete – war recht unglücklich in seiner

Ehe und ließ sich wieder scheiden. Unsere Wege trennten sich, kreuzten sich hier und da wieder, wir blieben immer irgendwie in freundschaftlichem Kontakt, und es bildete sich allmählich die Tradition heraus, dass S… in angemessenen Zwischenräumen bei mir anfragte, ob mein Herz und meine Hand – sei es auch nur die Linke – zurzeit verfügbar sei.

Aber jedes Mal, wenn er in zierlichen Redewendungen seinen Antrag stellte, waren Herz und Hand schon anderweitig in Anspruch genommen. – »Warum kommen Sie gerade jetzt? – Dienstag vor vierzehn Tagen …«

Und war bei mir eine Vakanz, die ich gern vergeben hätte, so war er gerade in Spanien, um irgendeinen alten Meister zu entdecken, oder ging ernstlich damit um, ein junges Mädchen aus guter Familie zu heiraten. Das letzte Mal, als wir uns zufällig in Berlin trafen, meinte er förmlich erbittert: Es sei allmählich höchste Zeit, dass diese Angelegenheit, die sich nun schon so lange wie ein *roter Faden* durch unser beider Leben ziehe, einmal ausgetragen würde. Von jetzt an sei es an mir, den Wink zu geben. Wir haben dann ausgemacht, dass ich ihm, wenn der geeignete Zeitpunkt käme, einen roten Faden zuschicken sollte.

Zwei oder drei Monate später lag der rote Faden bereit – es war sogar eine schöne, dicke seidene Schnur – er lag schon kuvertiert in meinem Schreibtisch, und es war nur Bummelei, dass ich ihn noch nicht abgeschickt hatte – da bekam ich wieder eine Verlobungsanzeige von Freund S…

Am Vorabend seiner Hochzeit habe ich ihm den roten Faden in die Hand gedrückt, und wir haben beide heiter und herbstlich dazu gelächelt.

Letzten Winter hörte ich, dass er noch einmal wieder von der Ehe Abschied nehmen wollte – ja, und vor ungefähr acht Tagen kam ein Brief aus Venedig – in dem Brief lag meine rote Seidenschnur …

Voilà – Freund und Doktor, das Weitere werden Sie nie erfahren – machen Sie sich keine Hoffnung. Bedenken Sie, dass die Lösung ja in jedem Fall banal ausfallen muss.

Legt die Vorsehung wieder ihr Veto ein, so wird es langweilig. Drückt sie aber diesmal ein Auge zu, so verliert die Geschichte vom roten Faden erst recht ihren Reiz.

11

Falsch geraten – ich bin in Rom, und S… ist nach Norwegen gefahren.

Ein hoffnungsloser Fall – der arme Kerl strebt im Grunde seines Herzens doch nur danach, wieder zu heiraten. Für seine Bekannten ist ein Trost dabei: Er ist immer am nettesten, wenn er eben eine Scheidung hinter sich hat. Das wirkt auf seinen inneren Menschen wie eine Art Wiedergeburt – aber es ist halt doch etwas umständlich.

Nun beschäftigt er sich neuerdings mit Rassentheorie und meint, an seinen bisherigen Fehl-Ehen sei vor allem die schlechte Rasse seiner Gefährtinnen schuld gewesen. Ja, und deshalb will er jetzt die reinrassigen nordischen Frauen näher studieren.

Wir saßen den letzten venezianischen Nachmittag am Markusplatz beim Eiskaffee und erwogen voller Wehmut, was geschehen wäre, wenn wir beiden uns doch damals am Anfang unserer Bekanntschaft geheiratet hätten. Vielleicht wollte die Vorsehung nur darauf hinaus und hat unserer illegalen Neigung deshalb so viele Steine in den Weg gelegt, wer kann es sagen? Und wäre ich jetzt seine geschiedene Frau – rechnete er mit Bedauern aus –, so verfügte ich doch wenigstens über eine kleine Rente, während er unter den obwaltenden Verhältnissen leider herzlich wenig für mich tun könnte. Kurz, er zeigte sich recht besorgt um meine finanzielle Gegenwart und Zukunft, gab mir viele gute Ratschläge und machte mich noch telegraphisch mit einem seiner vielen und merkwürdigen Auslandsfreunde bekannt, der gerade in Rom ist und mich denn auch mit fürstlichen Ehren empfangen hat. Man nennt ihn einfachheitshalber den Sizilianer, weil er meist in Sizilien lebt und seine Nationalität etwas verwickelt ist. Er ist in Madagaskar geboren, aber ich glaube, aus spanischer Familie, also immerhin reizvoll international – gebrochenes Deutsch – nun, man wird ja sehen.

Ich gestehe Ihnen offen, manches von dem, was S… mir sagte, ist mir wirklich zu Herzen gegangen. Er erklärte es für geradezu unverantwortlich, dass ich immer noch keine ernstlichen Schritte getan, um mich zu rangieren.

Er hat recht, und ich habe es mir ja selbst ja auch schon hundertmal gesagt – und Sie – und verschiedene andere.

Ein schwieriger Punkt – ich kann das Gerede von Problemen sonst nicht ausstehen – es sind ja fast nie welche – aber diese Sache erkenne ich an, als Problem, als alles, was Sie nur wollen.

Ganz sicher: Es ist immer empörend für eine Frau, wenn das äußere Dasein sich nicht angenehm und schmerzlos abwickelt. Einmal hat ja doch jede – jede den angeborenen Hang zu Wohlleben und Bequemlichkeit, auch wenn sie's nicht wahrhaben will oder sich's nicht leisten kann. Und dann tut es auch der Eitelkeit weh: Frau in Geldschwierigkeiten ist immer wie ein Bild, das schlecht gerahmt ist und am unrechten Platz hängt.

Teurer Doktor, da wir nun doch einmal von mir reden – seit ich aus meinem wertvollen alten Familienrahmen entfernt wurde, hat mir wohl keiner mehr gepasst. Mancher war recht gut, mancher wieder sehr mittelmäßig, und es gab auch Zeiten, wo das Bild nur mit Reißnägeln an die Wand geheftet war.

Ja, ja – und wie S… mir auch wieder vorhielt – ich hätte alle möglichen Chancen haben können. Aber was wollen Sie? – die legitimen? Gott soll mich bewahren – und er hat mich bewahrt. Wenn ich eine gute Partie machen konnte, hatte ich immer gerade keine Lust zu heiraten, und das eine Mal, wo ich dann doch heiratete, wurde der Mann erst eine gute Partie, als ich schon wieder über alle Berge war (Sie wissen ja, wie lange meine Ehe gedauert hat). Jetzt hat er eine glänzende Stellung, und ich hätte sie auch. Aber was täte ich damit? Ach, und der Mann liebte mich – in der Ehe könnte ich das auf die Länge nicht aushalten. Höchstens eine Distanzehe mit sehr viel Geld, so dass jeder seinen eigenen Flügel bewohnte, seinen eigenen Train und seinen Verkehr für sich hätte. Zu den Mahlzeiten träfe man sich in großer Toilette und mit vielem Zeremoniell, will er mich außerdem noch sehen, so lässt er sich durch seinen Kammerdiener melden: Der gnädige Herr lässt fragen, ob sein Besuch heute Abend angenehm wäre? – Der gnädige Herr ist immer willkommen.

Habe ich Gäste, die sich für ihn eignen, so lade ich ihn ein. Seine Stellung als Hausherr wird dann natürlich betont, er dürfte nie kompromittiert werden – kompromittierter Ehemann ist geschmacklos und unmöglich. Und hat er Besuch, so mache ich auf Wunsch in seinen Räumen die Honneurs.

Das wäre die einzige Möglichkeit, auf die ich heiraten möchte – schade, schade, dass Sie nicht Geld genug haben, wir könnten es vielleicht versuchen. – Ich habe auch sicher in einem früheren Leben schon eine solche Ehe geführt, mir kommen alle Details so durchaus vertraut vor, auch die Art der Beziehungen und das Wesen des Eheherrn. Aber kehren wir zu unseren *moutons* zurück – die illegitimen Chancen? – sehen Sie, unsere Freunde denken im Allgemeinen, wir täten uns so leicht damit – man brauchte nur zu wollen, so hätte man, was man wollte.

Nein, ich glaube, auf diesem Gebiet spielt der Zufall uns so willkürlich mit wie auf keinem anderen. Männer, die uns finanzieren wollen, gibt es genug, aber solche, die angenehm und dauernd finanzieren, dabei sympathisch oder wenigstens erträglich sind, nicht zu viel persönliche Ansprüche stellen und uns nicht plagen – ich fürchte, die muss man mehr oder weniger als seltenen Glücksfall betrachten. Meine besten Utilitätsbeziehungen oder die es werden wollten, waren fast immer Leute, die ich von vornherein oder nach kurzer Zeit nicht mehr ausstehen mochte. In günstigeren Fällen standen sie gerade erst im Begriff reich zu werden – man hätte warten und ausdauern müssen – oder sie hatten eben ihr Vermögen verloren. (Ich hoffe, Sie werden endlich einsehen, dass ich eigentlich doch ungemein wählerisch bin.)

Wie oft habe ich mir gesagt: liebes Kind, es muss nun einmal sein ... der Ernst des Lebens ... Schulaufgaben müssen gemacht werden, sonst gibt es kein Dessert ...

Aber ich habe weder als Kind noch später den nötigen Eifer für meine Schulaufgaben gehabt, es war immer etwas anderes da, was mich gerade mehr lockte.

Wenn man auf diesem Wege Karriere machen will und nicht ganz besonderen Dusel hat, muss man vor allem eiserne Nerven und eiserne Ausdauer haben. Und, wie beim Theater, möglichst früh anfangen, damit die Schattenseiten des Metiers zur Gewohnheit werden. Hat man sich erst daran gewöhnt zu tun und zu lassen, was man eben gerne tun und lassen möchte, ja, dann ist man zu verwöhnt. L'art pour l'art ist sicher schöner, erfreulicher, aber unrentabel.

Nerven und Ausdauer, also im Grunde etwa dieselben Qualitäten wie für die Ehe. Stellen Sie sich eine Dauersache mit Finanzhintergrund vor – auf einmal hat man keine Lust mehr, möchte ich ihn eine Zeitlang nicht mehr sehen – aber er kommt unweigerlich zwei Abende in der Woche, will einen womöglich zwischendurch noch sehen. Oder es gefällt einem plötzlich jemand anders – finanzielle Dauersachen sind noch eifersüchtiger als der verheiratete Gatte. Manchmal lieben sie uns auch wirklich – sogar die Seele.

Und verschiedene à tempo – sehr unbequem! Sobald die Männer Geld hergeben, sind sie viel scharfsichtiger und wissen besser Bescheid über Einkaufspreise: Jeder ahnt den anderen: Woher die indische Decke? – oder der Pelz oder sonst irgendetwas.

Man müsste denn schon eine offizielle Persönlichkeit sein – nur so oder mit Nebenberuf – etwas Tanzendes, Singendes, Springendes. Das schwächt die Eifersucht ab, weil man damit renommieren kann: die Soundso? Aha – kenne ich auch!

Und ein Beruf, wäre er auch noch so lustig – wir wissen es beide, lieber Doktor – selbst wenn der Himmel mir die schönsten Talente in die Wiege gelegt hätte, die Ausdauer ist nun einmal vergessen worden, und ohne die geht es in keiner Branche.

Übrigens habe ich immer wieder die Beobachtung gemacht, dass die Mädchen, die aus unteren Schichten heraufkommen, viel energischer und zielbewusster danach streben, Karriere zu machen. Sie wollen um jeden Preis nach oben kommen und reüssieren deshalb auch viel eher. Wir anderen – ich zum Beispiel, bin sehr verwöhnt aufgewachsen, die äußeren Annehmlichkeiten waren einfach da und erschienen mir nie als etwas Außerordentliches. Das bleibt im Gefühl – hätte ich von heute auf morgen Haus und Hof, Equipage, Dienerschaft und so weiter – es würde mir nur selbstverständlich vorkommen. Ist es nicht vorhanden, so empfinde ich das eigentlich wieder nur als einen provisorischen unangenehmen Zustand. Hat man den Zug verpasst, so muss man halt auf irgendeiner mesquinen kleinen Station warten, aber man identifiziert sich deshalb noch nicht mit ihr.

Ich fürchte überhaupt, die gute Erziehung, das Aufwachsen in einer erstklassigen Umgebung (sehen Sie, wie ich mich in die Brust werfe) beeinträchtigt die Entwicklung der praktischen und kaufmännischen Instinkte sehr stark. Man empfindet es immer als widersinnig, dass die Existenzfrage sich nicht ganz von selbst erledigt. Ich bin überzeugt, dass keiner meiner näheren Standesgenossen imstande ist, einen Kursbericht zu verstehen; kommt er einmal auf den Gedanken zu spekulieren, so lässt er es eben durch seinen Bankier machen. Und als Frau – sollte man zumindest einen Impresario haben, dann wäre es schon eine andere Sache. Aber dieses Amt übernimmt wieder kein Mann, der etwas auf sich hält. – Man müsste – man sollte – ich weiß schon, mein Lieber, Sie haben Ihre Freude daran, wenn ich auf dem Diwan liege und aus tiefster Seele sage: man sollte eigentlich … und doch um keinen Preis aufstehen würde, um das, was man ›eigentlich sollte‹, in Angriff zu nehmen …

12

Nicht so ungeduldig, mein Freund – ich weiß sehr wohl, dass es sich gehört, Briefe fertig zu schreiben, aber ›das Leben nahm mir die Feder aus der Hand‹, und ich war seither nicht in Teestimmung. So hab ich ihn als Fragment abgeschickt, um Sie nicht länger warten zu lassen; und ich denke, für ein Fragment war er lang genug.

Heute würde ich nun wohl schwerlich den Faden wiederfinden, wenn Sie ihn mir nicht so liebenswürdig zugereicht hätten. Das ›Thema‹ scheint Sie beinah mehr zu interessieren als mich selbst, ich möchte wissen warum. Es sieht fast so aus, als könnten Sie die Zeit nicht erwarten, wo Sie an meiner Seite Viere lang fahren werden. Es wäre auch sicher sehr hübsch, aber einstweilen gefällt es mir noch ganz gut, hier und da in ein fremdes Auto einzusteigen und so weit mitzufahren, wie ich gerade Lust habe. Ist keines da, so läuft man zu Fuß und flucht oder amüsiert sich darüber – je nachdem.

Gott ja – das berühmte Thema – teurer Doktor, bitte, verwechseln Sie den Mangel an kaufmännischem Talent nicht wieder mit innerem Wert. Nein, ich habe innerlich nichts, gar nichts gegen das ›Verkaufen‹ einzuwenden, weder für andere noch für mich. Nur müssten die Bedingungen angenehm und annehmbar sein. Und das ist selten, ach, so selten der Fall, vielleicht verfolgt auch gerade mich ein besonderer Unstern.

Erschrecken Sie nicht, ich möchte sogar gelassen aussprechen, dass für mein Gefühl der Handel in seiner direktesten Form immer noch die beste Möglichkeit wäre und eigentlich auch die anständigste. Ein fremder Herr (schon die Fremdheit … Sie wissen ja …), der spurlos wieder in der Versenkung verschwindet – was für eine Ersparnis an Nervenkraft gegenüber dem festen Utilitätsverhältnis, das vorsichtig gehandhabt und geduldig ertragen werden muss. Aber auf diesem Gebiet ist ja leider alles so mangelhaft organisiert, so gesellschaftlich unmöglich gemacht … verlassen wir es lieber …

Der Sizilianer ist gerade zur rechten Zeit aufgetaucht, und sein Auto ist gut. Warum ist er Ihnen nicht ›ganz geheuer‹? Ein ›Rasta‹, mit dem ich arg hereinfallen werde, meinen Sie – sicher ist er ein Rasta, aber das ist ja gerade sein Hauptcharme, ich habe immer ein Faible dafür gehabt. Und vermutlich fällt er eher mit mir herein, denn er scheint es wenigstens bisher bitter ernst zu nehmen. Und ich weiß nicht recht, was ich mit seinem Herzen anfangen soll.

Es kann ein Dilemma sein, ob man jemand glücklich oder unglücklich machen soll. Manche haben mehr davon, wenn sie unglücklich sind – sie wollen gerne alle Tiefen der Leidenschaft durchmessen – und sind dann auch traitabler. In diesem Falle bin ich mir noch nicht klar darüber.

Pedro – so heißt er – ist in seinem ganzen Wesen etwas ungestüm, und wenn er zu glücklich ist, werde ich einen schweren Stand haben. Aber die direkte Werbung steht noch aus – ich finde diesen Zwischenzustand sehr reizvoll und möchte ihn noch eine Zeit lang festhalten. Er umwandelt mich einstweilen auf Freiersfüßen und demonstriert mir vor, wie angenehm das Leben sich an seiner Seite leben lässt.

Wenn ich zum Frühstück komme, sitzt er schon da, eine Blume im Knopfloch, dieselbe Blume als Strauß an meinem Platz – etwas ungeduldig, denn ich komme immer eine Stunde zu spät, und sein Chauffeur tyrannisiert ihn.

Madame … – Handkuss – *ces fleurs* … dann kommt, was die Blumen des heutigen Tages mir sagen sollen. Darin ist er erfinderisch. Gott, muss es anstrengend sein, sich jeden Morgen etwas anderes auszudenken!

Dann fahren wir in die Umgegend oder treiben uns in der Stadt herum, er macht die Honneurs, jagt mich durch Altertum, Renaissance und römisches Volksleben der Gegenwart – immer mit demselben Feuer, der Beredsamkeit des Südländers und vie-

len Gesten. Er findet mich blasiert (sagen Sie mir bitte – bin ich
es wirklich?), wenn ich nicht über jede alte Kaiserbüste und jede
Osteria, wo ein paar Arbeiter Wein trinken und Musik machen,
in Ekstase gerate. Ich kann mir nun einmal nicht helfen, es
kommt mir ganz selbstverständlich vor, dass in Rom alles rö-
misch oder in Griechenland alles griechisch ist, und dass es eben
daselbst früher alte Römer und alte Griechen gegeben hat. Warum muss man das so aufregend finden? Und macht mir irgendetwas besonderen Eindruck, warum soll ich dann eine Rede darüber halten?

Unterbrechung … drei Tage später …

Nein, ich glaube, man darf diesen Mann nicht unbedingt glücklich machen, er ist zu erdrückend intensiv. Den ganzen Tag über
habe ich das Gefühl, als ob ich mit dem Vesuv spazieren ginge.

Der letzte Montag, an dem ich dieses Handschreiben begann,
war der Vorabend großer Ereignisse. Soll ich Ihnen ›alles‹ erzählen? – Nein, ich erzähle nie alles, und Sie verdienen noch Strafe
für den Rasta und für Ihre Zweifel – also bekommen Sie heute
nur einen Auszug …

Ein Situationsbild … wir sitzen spät abends am Kolosseum.
Ich habe eine glühende Schilderung der Gladiatorenkämpfe
ohne Zucken über mich ergehen lassen. Der Chauffeur wandert
grollend in irgendeinem Stockwerk des ›immortale Amfiteatro‹
auf und ab, er hasst diese Art von Unternehmungen, er hasst
überhaupt die Romantik seines Herrn, hasst mich. – Ich leide
darunter, ich kann es durchaus nicht vertragen, wenn ein männ-
liches Wesen mich mit Abneigung betrachtet, sei es auch nur ein
Eisenbahnschaffner oder ein Chauffeur.

Wir haben das Altertum verlassen, unser Gespräch dreht sich
jetzt um andere Dinge – um Liebe. Wenn man zu zweien im
Dunkeln sitzt, ist es wohl immer das Nächstliegende. Wir sprechen alle Abende um diese Zeit über Liebe, auch wenn wir im

Restaurant sitzen, und die persönliche Nuance wird von Abend zu Abend stärker betont.

Er geht allmählich in einen Hymnus auf die Frauen über – im Allgemeinen – im Besonderen – die Frauen im Süden – die aus dem Norden – die blonden – die eine blonde Frau, mit der man eben jetzt in Rom unvergessliche Frühlingstage verlebt. Etwas zu viel echtes Gefühl – das kann unter Umständen leise beklemmend wirken. Mit seinem Rastatum ist es doch nicht weit her. Aber er spricht ein entzückendes Durcheinander von Deutsch, Französisch, Italienisch – das hab ich so gern, mein Herz schlägt doch etwas für ihn ... meine Hand ruht zwischen seinen beiden Händen ... sehr gute Hände mit schönen Nägeln und einem breiten, sonderbaren Ring.

Es scheint also, dass wir einig sind ... aber auf einmal wird er sehr merkwürdig ... schweigt ... verfinstert sich ... Stumm, gewaltsam drückt er mir die Hand, beide Hände, steht auf, pfeift dem Chauffeur. Wir steigen ein und fahren langsam, sehr langsam noch ein Stück aus der Stadt hinaus.

Ganz plötzlich, ganz unvorhergesehen, kniet er neben mir – vor mir ist nicht Platz genug – beinah beschwörend: »Ich bin ein schlechter Mensch ... schlecht ... sehr schlecht.«

Ich: »...???«

Ja, er ist verlobt – dort in Sizilien, und doch – und Rom – und eine blonde Frau ...

Ich atme auf. Wenn's weiter nichts ist ...

Die Blumen am nächsten Morgen waren viele dunkelrote Rosen, und er ist sehr glücklich – eben etwas zu glücklich.

13

Armer Freund, Sie haben es in letzter Zeit schlecht gehabt – Fragmente, Ansichtskarten und leere Versprechungen, aber heute Abend bin ich nur für Sie vorhanden und gedenke es wieder gutzumachen.

Zuerst will ich Ihnen danken, dass Sie mir Ihren Segen nicht weiter vorenthalten und sich so liebenswürdig mit dem ›Rasta‹ ausgesöhnt haben. Wer weiß, ob Sie ihn nicht demnächst unter die Wertvollen einreihen.

Auch in meinen Augen hat er immer mehr gewonnen. Es hängt viel davon ab, wie ein Mann die ersten Schritte gestaltet, und das hat er sehr hübsch gemacht, erst allmählich und diskret, dann dramatisch und flammend.

Wie angenehm, dass man als Frau dieser Mühe überhoben ist – es muss gar nicht so leicht sein, den rechten Ton zu finden, und einige fangen es denn auch recht dumm an – so der Siegertypus, der beim ersten leisen Zeichen von Wohlwollen mit einer großen Gebärde die Tür schließt: Nun bist du mein!

Überhaupt haben manche einen feststehenden Trick. Ich weiß einen älteren Herrn – wenn der zufällig mit einer Frau allein im Zimmer ist, setzt er seinen Zwicker auf, sieht sich vielsagend um und bemerkt: Ist das nicht eine wahnsinnig komische Situation! – (Durch Freundinnen habe ich erfahren, dass er es jedes Mal so macht.)

Ob das wirksam ist? Ich weiß nicht – auf mich hat es keinen verführerischen Eindruck gemacht. Ich wusste nur zu antworten: ja, es sei wirklich zum Totlachen – und da schwieg er betroffen und enttäuscht. Vielleicht lag es auch daran, dass ich ältere Herren überhaupt nicht besonders schätze.

Aber ich habe Ihnen heute noch viel zu erzählen …

Die Hauptbegebenheit – also hören Sie: Ich sitze neulich unten in der Halle und warte auf den Chauffeur, der mich abholen soll, warte schon lange und schlafe beinah ein. Jeden Augenblick gehen Leute vorüber, und dann bleibt jemand hinter mir stehen – ein wohlbekanntes: *How are you?* – Sir John mit einem jugendlichen Begleiter – und im gleichen Augenblick der hasserfüllte Chauffeur, um zu melden, dass sein Herr mich draußen erwartet. Nur gerade Zeit zu einem ungeheuren Händeschütteln, Vorstellung des Begleiters und einer raschen Verabredung, dann stürzte ich meinen Verpflichtungen nach und hörte nur noch ein etwas verwundertes: *O I say!* hinter mir herklingen.

Wir trafen uns denn auch nächster Tage, in einem *Tea-room* natürlich. Keine Wehmut, mein Freund, wenn Sie hier wären – nein, doch nicht – es würde jetzt kein gutes Dreieck geben.

Also, mit Sir John im *Tea-room*, seinen neulichen Gefährten hatte er mitgebracht. Der junge Mann ist Dichter, zeigt aber keine äußeren Symptome seines bedenklichen Handwerks, verhielt sich sehr schweigsam, sehr erzogen, sehr diskret, während wir einem lebhaften Austausch frönten. Dieses Wiedersehen war beiderseitig ein großes Fest.

Sir John, der Vielgenannte, den Sie ja leider nie kennen gelernt haben, ist wohl der Mann, mit dem ich mich von allen am besten verstehe. Ich muss wieder einmal etwas indiskret sein, um Ihnen das zu erläutern. Es besteht zwischen uns ein: *on revient toujours* – wirkliche Freundschaft mit amourösen Intervallen, die immer ohne Tragik, ohne Konflikte und Bitternis verlaufen sind.

Er hat sehr vielfältige Beziehungen zu Frauen und kultiviert jede einzelne wie ein Gärtner seine Pflanzen, jede bekommt ihr besonderes Terrain und ihre besondere Pflege. Für jede ist er der aufmerksamste und angenehmste Galan und suggeriert durchaus das Gefühl, dass er im Moment nur für sie da ist. Unmöglich, ihm übelzunehmen, wenn er sagt: Sie müssen sich unbedingt für heute Abend frei machen, denn übermorgen treffe ich eine Frau, die ich sehr liebe, aber es ist eine etwas tragische Sache, und ich werde dann ein paar Tage Melancholie haben. Ebenso wird er dieser Frau sagen, sie müsse einen Tag warten, denn er wolle vorher noch mit einer anderen sehr vergnügt sein.

Er erzählt viel von seinen Amouren, taktvoll und aus wirklich tiefem Interesse, denkt über jede einzelne sehr ernsthaft nach, hat auch gerne, wenn man ihm erzählt, und denkt ebenso ernst darüber nach.

Die sizilianische Angelegenheit erfüllte ihn mit innigem Vergnügen, als hätte ich ihm einen großen persönlichen Gefallen erwiesen. Nun, mich freut sie ja auch, besonders seit die beiden hier sind. Man hat manchmal sehr gerne jemand zum Miterleben. Die allzu ausführliche Zweisamkeit fing gerade an, mich etwas zu ermüden, und was ich hier sonst *en passant* kennen gelernt habe, war nichts Rechtes. Italiener haben immer die gleiche Feurigkeit, ob es ein Offizier, ein höflicher Kutscher oder ein Priester ist.

Nun kann ich wenigstens, so oft es geht, mit Vergnügen ausreißen, meinem Amante habe ich mit einiger Mühe plausibel gemacht, dass ich manchmal allein sein müsste, um römische Eindrücke in mich aufzunehmen. Nur musste man vorsichtig sein, und das ist immer eine Pein für mich. – Aber wie Sie sehen, bin ich diesmal sehr darauf bedacht, meine Chancen zu wahren – ich habe Grund, aus allerlei explosiven Äußerungen zu schließen, dass sie nicht schlecht sind, trotz der Braut in Sizilien, derer er manchmal – nach beiden Seiten hin – mit Reue und Bedauern gedenkt.

Letzte Woche war ich mit Sir John und seinem Schützling in den Katakomben; Sir John wollte dort irgendwelche Studien machen und betrieb sie mit seiner englischen Gründlichkeit, während der Dichter und ich draußen in der Sonne saßen und uns unterhielten.

Sir John hat uns beide vorsorglich gewarnt, wir sollten nicht miteinander in *love* fallen; mich: er sei noch gar so jung und grün – und ihn: ich dürfe mir die berühmten Chancen nicht durch eine überflüssige Amourette verderben.

Das Spiel ist ungefährlich, ich würde mich schwerlich mehr in einen Dichter verlieben. In früheren Zeiten ist es schon vorgekommen, aber es war immer sehr anstrengend. Man musste so viel posieren, sonst wird der Dichter ernüchtert – muss ihn immer im Rausch erhalten, denn ein richtiger Dichter will eben Rausch – Purpur – Gold – und so weiter. Für das alles hat man aufzukommen, muss immer auf dem Sockel stehen. Eine Zeit lang ging das auch – nein, eigentlich ging es doch wohl nicht, es war immer viel Schwindel dabei. Nur gefiel es einem, auch einmal pathetisch genommen zu werden. Aber dann verlangte man doch wieder herunter, sehnte sich wie Nebukadnezar danach, mit den Tieren des Feldes Gras zu fressen. Das können die Dichter nicht leiden. Und dann sollte man Seele haben, möglichst viel Seele. Ich hatte auch einmal so etwas, oder man hielt es dafür. Ich glaube, es war nur, wenn ich mich aus irgendeinem Grunde nicht wohl in meiner Haut fühlte. Das halten die Mitmenschen ja gerne für ein Kennzeichen von intensivem Seelenleben.

Gott, es muss ja auch nicht immer ein professioneller Dichter sein, aber Sie können sich schon denken, welche Art Leute ich meine.

Der Knabe, mit dem ich hier über alten Gräbern wandle, scheint übrigens nicht zu dieser Sorte zu gehören. Ich interviewte ihn recht gründlich darüber, und er wurde ganz unglücklich. Er habe nun einmal Talent und das Schreiben mache ihm Freude, während er sich mit einem bürgerlichen Beruf schwer abfinden würde. Aber Dichter – ja, es sei eine peinliche Bezeichnung, das fände er selbst, und es wäre ja trostlos, wenn die Frauen einem deshalb davonliefen.

»Oh, ich bin Ihnen noch nicht davongelaufen – und wie war's denn mit den anderen?«

»Ach, die Frauen, die ich bis jetzt – geliebt habe, waren eigentlich alle schrecklich …«

»Das ist ein melancholisches Bekenntnis – armer Dichter!«

»Und wenn mir eine wirklich gefiel, hat Sir John jedes Mal gesagt, sie sei nichts für mich.«

»Sie richten sich also immer danach, was er Ihnen sagt?«

»Gott, er hat mich doch entdeckt und meine Eltern überzeugt, dass ich Talent habe. Ich brauche jetzt nicht mehr zu studieren, und sie haben mich ihm gewissermaßen anvertraut. Da muss ich mich doch etwas nach seinen Ratschlägen richten. Zum Beispiel, als Sie ...«

Pause.

»Aha, es geht also auch auf mich?«

Der Dichter, verlegen, aber dann mutig:

»Ja – auch auf Sie ...«

»Bitte, etwas Näheres darüber, das macht mich neugierig.«

»Ich weiß nicht, ob es nicht indiskret ist ...«

»Dichter sind immer indiskret – meint John, dass ich Ihr jugendliches Gemüt ...«

»O nein, im Gegenteil. Ihr Umgang wäre sehr gut für mich. Aber Sie sind doch – pardon, es klingt so ...«

»Nur weiter.«

»Also, er sagte, ich sollte mir keine Illusionen machen, Sie seien sozusagen in festen Händen ...«

Ich musste so lachen, dass er ganz bestürzt war:

»Ist es am Ende nicht wahr?«

»Doch, es ist wahr, das heißt – ich bin eigentlich nie in sehr festen Händen ...«

Er sieht mich etwas verwundert an:

»Wieso? Ich dachte, Sie liebten ihn?«

»Wen? Sir John oder den Rasta?«

Ein rascher Blick – das war etwas unvorsichtig von mir, nun wird er anfangen Rätsel zu raten.

Dann kam Sir John, und wir konnten das lehrreiche Gespräch nicht fortsetzen.

Und meinen Brief werde ich heute auch nicht mehr fortsetzen, ich erzähle Ihnen doch nur dummes Zeug.

14

Mir ist in den letzten Tagen, wenn ich mich mit dem Dichter unterhielt, etwas aufgefallen, nämlich, dass man doch immer eine ganze Menge verschiedener Ansichten über ein und dieselbe Sache hat. Sie hängen ganz davon ab, mit wem man gerade spricht. Man dreht einen Gegenstand um, beguckt ihn von allen Seiten, stellt ihn auf den Kopf – jedes Mal sieht er anders aus. Dann legt man ihn weg: o genug, gehen wir lieber ins Café. Ergo: Man hat überhaupt keine Ansichten, und es ist auch sicher überflüssig.

Aber glauben Sie deshalb bitte nicht, dass unsere Gespräche sich immer um Ansichten drehen. Der Dichter ist, wie ich schon ahnend voraussah, sehr wissbegierig geworden, und wir rätselraten miteinander wie bei einem Gesellschaftsspiel. Ich erzähle ihm Schwänke aus meinem Leben und gehe um das allzu Persönliche möglichst herum. Zum Beispiel, die ersehnte Aufklärung über Sir John wird ihm beharrlich vorenthalten – ob es einmal war – wann es war, und wie wir jetzt zueinander stehen. Ich fühle, dass ihn dies alles brennend interessiert, er möchte doch ›das Leben kennen lernen‹. Aber ich habe immer das Prinzip gehabt, dass jeder Mann so wenig wie möglich von dem anderen wissen soll – für alle Eventualitäten.

Mit dem Sizilianer liegt es anders, die ganze Sache ist zu offiziell. Ich habe das eigentlich nicht gern, es ist immer etwas *mauvais genre*. Aber hier in Rom, mit dem vulkanischen Pedro, dem Auto und dem Chauffeur war es einfach nicht zu vermeiden. – Das alles und vieles andere hab ich dem Dichter mit vieler Mühe auseinandergesetzt, und er gibt sich ebenso viel Mühe, es zu erfassen. Man sieht ihm manchmal förmlich an, wie sein unerfahrenes Gehirn arbeitet.

»Darf ich ganz offen reden?«, fragte er neulich, als wir von dem Rasta und von den Chancen sprachen.

Ja, er durfte.

»Aber ich muss etwas sehr Freches sagen …«

»Ich bitte darum!«

»Ja – Sie leben doch eigentlich wie … eine …«

»Ganz falsch, lieber Dichter, ich lebe nur ein Privatleben, und es schaut viel zu wenig dabei heraus.«

»Und Ihr Sizilianer?«

»Ist eine zufällige Verbindung von angenehm und nützlich.«

»Aber Sie lieben ihn doch nicht wirklich?«

»Wie man es nehmen will.«

»Und Sir John? Als ich Sie gestern Abend bei ihm traf …«

»Junger Mann, seien Sie vorsichtig – das ist noch gar kein Beweis.«

»So …? … Aber Sie geben doch zu, dass Sie mehrere auf einmal lieben können?«

»Und …?«

»Es wundert mich, dass Sie bei dieser Veranlagung, oder wie man es nennen soll, eben nicht …«

»Eine … eine geworden sind?«

»Ja, ungefähr das wollte ich sagen. – Sie sind böse?«

»Nein, ich bin diese Frage gewöhnt – aber Sie sind noch so dumm: werden, das ist leicht gesagt. Denken Sie an Ihr einstiges Studium, Sie hatten auch keine Lust etwas zu werden und wollten lieber Verse machen, die nichts einbringen.«

»Herrgott, das ist doch etwas anderes.«

»O nein, ganz dasselbe. Aber zu jedem Beruf gehören ausgesprochene Fähigkeiten und Glück, wenn es etwas Richtiges werden soll.«

»Nun, was das Glück betrifft …«

»Nein, ich habe nur in der Liebe Glück, im Spiel versagt es.«

»Was versteht man eigentlich unter Glück in der Liebe?«

»O … ich denke, dass man oft geliebt wird und immer den bekommt, den man haben will.«

»Haben Sie nie eine unglückliche Liebe gehabt?«

»Nein. Sie liegt mir auch nicht, und ich kann sie mir beim besten Willen nicht vorstellen.«

»Lieber Gott, Sie müssen doch ungeheuer zufrieden mit Ihrem Schicksal sein.«

»Sicher, ich bin ganz verliebt in mein Schicksal. In dieser Beziehung benahm es sich tadellos, aber dafür habe ich in anderen Dingen unerhörtes Pech.«

»Wieso?«

»Ich empfinde es beispielsweise als Schikane, dass ich nicht in Geld und Luxus schwimme.«

»Aber, teure Frau, dafür haben Sie doch in Ihrem Empfindungsleben den unerhörtesten Luxus getrieben ...«

»Ach, Sie sind und bleiben ein Dichter – es war auch alles sehr schön, aber ich fange an, mich nach Seelenschmerzen und einem Bankkonto zu sehnen.«

»Und der Rasta macht Ihnen keine Seelenschmerzen?«

»Nein, das ist es ja gerade – deshalb bin ich auch so besorgt um das Bankkonto. Man wird abergläubisch.«

»Wissen Sie, ich glaube, Sie haben zu viel Persönlichkeit, um auf diesem Wege ...«

»Lieber einziger Dichter, mit ›Persönlichkeit‹ können Sie mich die Wände hinaufjagen. Ich breche jeden Verkehr mit Ihnen ab, wenn Sie das noch einmal sagen.«

»Aber warum denn?«

»Weil es die ärgste Geschmacklosigkeit ist, die man einer Frau sagen kann – eine Redensart, die nur Reformmänner in den Mund nehmen. Merken Sie sich das.«

»Ich will's gewiss nicht wieder tun, aber dann nennen Sie mich, bitte, auch nicht mehr Dichter, das ist sicher ebenso kränkend.«

»Schön, also Bobby – oder ist das Sir Johns Privilegium? Bobby klingt ganz hübsch – verzogen und aus guter Familie ...«

Der Dichter küsst mir die Hand. – Pause.

»Darf ich noch etwas fragen?«

»Bitte …«

»Warum sind Sie nicht irgendetwas anderes geworden? Sie haben doch so viele Fähigkeiten?«

»Ich hab's versucht, Bobby, aber es ist immer dieselbe Geschichte. Theater zum Beispiel – der bloße Gedanke, dass ich irgendwohin gehen muss, wenn ich gerade keine Lust habe, macht mich krank. Beruf ist etwas, woran man stirbt.«

Bobby denkt nach.

»Warum schreiben Sie nicht? Sie haben doch so viel erlebt und können gut erzählen.«

»Daran habe ich auch schon gedacht, aber es hat so viel peinlichen Beigeschmack – eine schreibende Frau – schrecklich. Denken Sie nur, alle Leute, die man nicht kennt, taxieren einen auf geistige Interessen und dergleichen. Sonst hätte es vielleicht etwas für sich: Man brauchte nur eine Füllfeder und einen guten Diwan – nein, ich müsste auch einen Kompagnon haben, sonst wäre es doch wieder langweilig und anstrengend.«

»Der Kompagnon steht zur Verfügung.«

»Wenn alle Stränge reißen, werde ich Sie beim Wort nehmen, Bobby. Aber jetzt müssen Sie mich heimbegleiten. Pedro wartet.«

»Immer Pedro! Und wann sehe ich Sie wieder?«

»Wenn Pedro nicht auf mich wartet.«

Und darauf muss ich auch Sie heute vertrösten, lieber Doktor. Pedro wartet immer – es ist, weiß Gott, auch das ein hartes Brot!

Das war Montag – erst heute komme ich dazu weiterzuschreiben. Ich hoffe, Sie gewöhnen sich allmählich daran.

Eben habe ich die ganze Gesellschaft spazieren geschickt. Die ganze Gesellschaft? – Ja, wir sind neuerdings zum Ensemble geworden. Es ist ein ganz wohltuender Zustand. Wie ich Ihnen schon einmal sagte – ich fing in der letzten Zeit an, mich mit meinem Vesuv beträchtlich zu langweilen.

Er war eben zu glücklich, und solch ein wolkenloses Glück in beständigem *tête-à-tête*, das geht nicht auf die Länge.

Durch meine Seitensprünge zu den beiden anderen wurde es denn auch vorübergehend verdüstert. Der Vesuv grollte über meine häufigen Abwesenheiten und wurde misstrauisch, als ich neulich schon wieder für einen Nachmittag Urlaub nahm – diesmal um alte Bekannte zu treffen. Die bisherigen Vorwände waren schon etwas zu fadenscheinig. Er grollte, und der Chauffeur beglückte mein Herz zum ersten Mal durch einen wohlwollenden Blick.

Bei Sir John war eine kleine Gesellschaft, und der Nachmittag dehnte sich ziemlich aus – bis zwei Uhr nachts. Als ich in mein Hotel zurückkam, wanderte der Sizilianer vor der Tür auf und ab – allein – zu Fuß – zornig und dramatisch. Es erfolgte eine animierte Zwiesprache, und ich benutzte den nächsten Tag, um beleidigt von der Bildfläche zu verschwinden und mit Johns Gesellschaft, die noch vollzählig beisammen war, in die Campagna zu flüchten.

Als ich diesmal nach Hause kam, fand ich ihn wieder vor, aber blass und melancholisch. Der Chauffeur dagegen stand mit gütiger Miene an der Haustür. Beide hatten wohl gedacht, ich sei endgültig verschwunden.

Wir versöhnten uns wieder, und ich habe alles, was sich für seine Ohren eignete, gestanden. Daraufhin eine neue Kalamität, er wollte meine Freunde kennen lernen.

Ich liebe es gar nicht, meine verschiedenen Bekannten miteinander zu vermählen. Sie passen doch nie zusammen, und in diesem Fall schien es mir etwas riskiert. So wand ich mich anfänglich darum herum und verhandelte mit sämtlichen Beteiligten. Aber ich wurde überstimmt, der Sizilianer ermattete mich mit seiner Eifersucht, Sir John suchte meine Eitelkeit zu reizen, er meinte, ich wolle den ›remarkable Rasta‹ nur nicht herzeigen – und der Dichter brannte natürlich auf Einblicke in die Lebewelt.

Ich brachte sie also zusammen, und Pedro lud die beiden mit wilder Gastlichkeit ein. Er gab ein fürstliches Souper in seiner

Wohnung und gewann ihre Herzen im Sturm. Ich selbst fand ihn an dem Abend so reizend, dass ich mich ganz neu in ihn verliebte. Es gibt Männer, in die man nur richtig verliebt ist, wenn noch andere dabei sind.

Sir John strahlte vor innerem Pläsier, und der Dichter war so begeistert, dass er um keinen Preis mehr nach Hause gehen wollte. Man behielt ihn also da, bis zum nächsten Abend, wo wir alle Johns Gäste waren. Und so ging es ein paar Tage fort.

Lieber Doktor, ich bin noch zu schläfrig, dass ich es bis auf weiteres vorziehe, Ihnen Lebewohl und gute Nacht zu sagen.

15

Ihren Brief habe ich hier vorgefunden, o nein, ich bin nicht für immer entschlafen – seit meinem letzten Brief aus Rom. Aber ich will gerne glauben, dass er etwas übernächtig ausgefallen ist.

Ich hatte auch wirklich die besten Absichten, Sie auf dem Laufenden zu halten, aber das Laufende lief mit mir davon, und ich bin etwas außer Atem gekommen.

Man kann nicht immer im Zusammenhang bleiben, liebster Freund, das Leben selbst ist gar so unzusammenhängend.

Momentan – aber wir wollen lieber erst die Ereignisse nachholen. Gott, ich habe es mir so angewöhnt, nur noch per wir zu sprechen. Das kommt davon, wenn man als Ensemble lebt. Manchmal muss ich mich förmlich erst darauf besinnen, dass ich auch noch ein Einzelwesen bin.

Also – wie schon mein Telegramm Ihnen meldete – Bobby hat es aufgegeben und war sehr neugierig – wir sind umgezogen, nach Neapel.

Pedro bekam fortwährend Telegramme, woraus man schließen konnte, dass etwas nicht in Ordnung war, er hat sonst sehr wenig Korrespondenz. Und der Chauffeur war wieder ungewöhnlich finster.

Ich war sehr nett mit ihm – mit Pedro – diskrete Teilnahme bei völliger Ahnungslosigkeit, und er schloss mir dann auch sein Herz auf.

In erster Linie Geld-, in zweiter Linie Brautverlegenheiten. Man wünscht, dass er sie heiratet. Das war ja eigentlich vorauszusehen, aber er scheint es sich nicht genügend klargemacht zu haben. Wir haben in den letzten Wochen wohl alle etwas vergessen, um was es sich handelt. Lieber Doktor, das ist immer der glücklichste Zustand, und ›wir‹ waren auch wirklich alle sehr glücklich.

Weiter: Die Braut ist seine Cousine, folglich ihr Vater sein

Onkel, und von diesem Onkel scheint er pekuniär ziemlich abhängig zu sein. Das Nähere hab ich natürlich vergessen, ich höre nie zu, wenn man mir ›Näheres‹ auseinandersetzt, und das ist manchmal verhängnisvoll.

Er, Pedro, treibt sich nun schon lange in Europa herum, und die Art, wie er das tut, scheint dem Onkel nicht mehr zu gefallen.

Summa: Der Onkel macht bedenkliche Anstalten ihn ›einzukassieren‹ (auch ein typisches Erlebnis, dass ›er‹ von meiner Seite weg einkassiert wird).

Pedro hat erst gerast, er wolle jetzt nicht heim, auf keinen Fall, dann bedrückte ihn wieder seine doppelte Verworfenheit – gegen sie und gegen mich.

O meine Chancen – es war schon die Rede davon, dass er mich in Rom oder Neapel etablieren wollte. Ich sollte immer irgendwie ›da sein‹, auch wenn er eine Zeit lang nach Hause müsste. Ich weiß ja selbst noch nicht recht, ob das sehr mein Fall wäre, aber es hat ja auch wieder etwas Verlockendes. Apathische Dauersache mit lebhafteren Momenten – ich hab ihn doch wirklich ganz gern.

Übrigens scheint es, dass wir in Rom beträchtliche Schulden gemacht haben. Ich riet deshalb zum Umzug nach Neapel, das heißt, die römische Wohnung sollte er behalten, Chauffeur und Auto zur Beruhigung der Gemüter noch eine Zeit lang dort lassen und dann von hier aus einen Besuch in Sizilien machen.

Meine Ratschläge in solchen Angelegenheiten sind immer gut. Wieder einmal muss ich hervorheben, dass ich viel Sinn dafür habe, jede Lebenslage tunlichst harmonisch zu gestalten. Sie fanden deshalb auch dieses Mal Anklang und bewährten sich. Man hat uns ganz ruhig ziehen lassen, und der Chauffeur ist uns inzwischen schon nachgekommen.

Sir John und sein Schützling sind natürlich auch mit – was Gott so schön zusammenfügte, keiner von uns hätte den Mut gehabt, es zu trennen.

Wir haben unsere Namen hier etwas abgeändert – wie Sie auch aus meinem Telegramm schon ersehen haben – und gelten für eine Art Familie. Die Zusammenstellung erforderte einiges Kopfzerbrechen, aber wir haben doch eine halbwegs befriedigende Lösung gefunden. Wir sind nämlich aus Versehen in einem sehr braven deutschen Hotel abgestiegen und hatten keine Lust noch einmal zu wechseln.

Pedros Abreise hat sich noch etwas hingezogen. Man konnte sich nicht gleich zur Trennung entschließen und wollte sich erst über verschiedene Punkte mit dem Onkel schriftlich verständigen.

Dann ist er abgefahren, und alles Weitere bleibt eben abzuwarten. Die beiden anderen leisten mir dabei aufs Angenehmste Gesellschaft, im Hotel sind allerhand ganz nette Leute, und wir kommen uns sehr respektabel vor. Mit dem Dichter muss ich mich vor der Öffentlichkeit duzen, wir haben ihn für meinen Stiefsohn ausgegeben. Sein Ursprung verträgt zwar eigentlich keine nähere Beleuchtung, denn Pedro sieht kaum alt genug aus, dass er für eine Jugendsünde von ihm gelten könnte. Aber Stiefsohn klingt so überzeugend. Und Sir John ist einfach ›ein Schwager‹.

Bobby kann mich nicht recht begreifen, dass ich Pedro habe fahren lassen.

Aber was wäre, wenn ich ihn festgehalten hätte? Brouilliert er sich mit seinen Leuten, so wird er sehr auf dem Trocknen sitzen und ich mit. Liebe in einer Hütte wäre mit diesem Mann sicher ein unglückliches Unternehmen.

»Aber wenn sie ihn nun festhält?«

»Ja, da kann man nichts machen.«

»Und was soll dann aus Ihnen werden?« (Wenn wir allein sind, nennen wir uns meistens wieder Sie.)

»Das steht bei Gott, Bobby. Es haben sich schon klügere Leute als Sie manchmal den Kopf darüber zerbrochen, was aus mir werden soll.«

»Wissen Sie, dass Ihr Fatalismus für andere geradezu aufreizend ist?«

»Ja, das habe ich schon manchmal gehört. Aber ich habe es längst aufgegeben, die Vorsehung beeinflussen zu wollen.«

»In Rom hatten Sie doch noch die Absicht, ihn um jeden Preis festzuhalten?«

»Wir sind jetzt in Neapel, Bobby, und ich denke, Sie wollen auf Sir Johns ausdrücklichen Wunsch Lebensweisheit von mir lernen.«

»Ach, es ist, weiß Gott, ein bitteres Los, Ihr Stiefsohn zu sein, und Ihre Lebensweisheit ...«

»Ist tiefer, als Sie in Ihrem Unverstand meinen. Hören Sie also weiter, Bobby – wenn man eine Sache mit Begeisterung und Kraftaufwand betrieben hat, ist es eigentlich immer eine Erleichterung, wenn sie nicht zustande kommt. Ich bin nie glücklicher als in dem Moment, wo ich müßig und bewundernd meine Werke untergehen sehe. Dann kann doch wieder etwas Neues kommen.«

»Und wenn nun etwas viel Schlechteres kommt?«

»Ich bin abergläubisch, lieber Bobby – aus Erfahrung. Es gibt Glückserien und Pechserien. Ich zähle sie, und es hat immer gestimmt, mit kleinen Schwankungen. Die Pechserie geht höchstens bis neun, die Glückserie ist kürzer, bis vier oder fünf – Pedro ist gerade auf der Grenze ...«

»Nein, bitte, hören Sie auf – eine Frau von Ihrer Intelligenz und solche mittelalterliche ...«

»Intelligente Frau ist wieder eine Beleidigung – Sie Dichter ...«

»Sir John sagt es auch – und es sei erstaunlich, dass Sie trotzdem immer nur Dummheiten im Kopf hätten ...«

»Das ist ein tröstlicher Zusatz, Gott segne ihn dafür. Gehen wir jetzt spazieren, Bobby, die Lektion ist für heute zu Ende.«

Wir gingen spazieren und erwogen Zukunftsfragen. Bobby will von hier auf eine griechische Insel gehen und möchte, dass ich mitkäme. Wenn es hier schiefgeht – ja, wenn … Die griechische Insel ist ein beliebtes Thema.

Sir John war aus, Pedro ist fort, und es war eine wundervolle Mainacht. Wir waren beide etwas sentimental aufgelegt, gingen immer wieder auf und ab durch die Straßen. Es war schon beinahe Morgen.

»Nein, Bobby … Sie sind mein Stiefsohn, das streift die antike Tragödie …«

Wir kamen an eine Straßenecke, an der Mauer steht mit Kreide ein großes deutliches: Ja geschrieben – auf Deutsch. Das ist sehr merkwürdig, wir bleiben stehen und wundern uns darüber.

»Vielleicht gilt es uns …? Aber Sie halten ja nichts vom Aberglauben, Bobby …??«

»O doch!«

Ja, lieber Freund – der arme Bobby ist nun auch abergläubisch geworden …

16

Ich denke ja nach, Doktor, ich denke nach, ich habe noch nie so viel nachgedacht wie jetzt. Alles vereinigt sich, um mich nachdenklich zu stimmen. Ihr Brief und etliche längere Gespräche mit Sir John – es besteht eher die Gefahr, dass ich vor lauter Nachdenken tiefsinnig werde, als dass ich irgendeine große Kopflosigkeit begehe – wie Sie zu fürchten scheinen.

Lieber Freund, Sie sind ein Engel an Einsicht und Verstand, aber Sir John hat das ›Problem‹ meiner Seele doch besser erraten als Sie. Es geht entschieden eine Wandlung mit mir vor, denn, wie Sie sehen, fange ich jetzt auch schon an, mich damit zu beschäftigen.

Es war so heiß in der letzten Zeit, und wir sind träge und geschwätzig aufgelegt. Nachmittags bin ich gewöhnlich allein bei Sir John: ich auf dem Sofa, er in einem tiefen bequemen Sessel, zwischen uns ein kleiner Tisch mit Kaffee und Zigaretten. So hielten wir es auch früher schon, in seiner Wohnung – in L… – nur dass er dann immer in seinem Klubsessel saß – ich betone *seinem*, denn zwischen dem Klubsessel und ihm bestand eine ganz besondere Zusammengehörigkeit.

Also beinah wie mit Ihnen – nein, ich bin Ihnen sehr treu, es ist ganz anders, und eine Kaffeezwiesprache ist durchaus verschieden vom Teegespräch.

Nur eine entfernte Ähnlichkeit – Sir John vertieft sich manchmal mit großem Ernst in meinen Charakter und will ihn um jeden Preis ergründen. Das ist im Allgemeinen etwas langweilig, ich interessiere mich wenig für meinen Charakter. Er geht doch schließlich nur die anderen an, und es bleibt immer zweifelhaft, ob man überhaupt einen hat.

Aber um sich die Zeit zu vertreiben, ist es hier und da ein dankbares Thema.

Nun, und an einem solchen Nachmittage hat Sir John neulich

festgestellt, die Grundnote meines Wesens sei Faulheit, eine ganz namenlose Faulheit, wie er sie in diesem Grade noch bei niemandem beobachtet habe. Faulheit, wenn ich überhaupt etwas tue oder unternehme, denn es geschehe immer nur, um etwas anderes nicht zu tun – Faulheit, die Art, wie ich es anstelle, nämlich ungestüm und ungeduldig, um es so bald wie möglich wieder hinter mir zu haben. Und vollends sei ich unfähig, irgendeine Sache zu Ende zu führen, sei es eine Reise – denn ich reise nie dahin, wohin ich ursprünglich wollte (das ist wohl wahr) – eine Ehe, eine Chancensache oder so etwas wie einen Beruf. O ja, John ging streng mit mir ins Gericht – er behauptete, wenn einmal alles glücklich soweit sei, dann ließe ich es liegen und machte mich erleichtert aus dem Staube (auch das musste ich zugeben). Und lieber ließe ich die unangenehmsten Konsequenzen über mich ergehen – andere Leute hielten das irrtümlich für Seelenstärke –, als dass ich mich rechtzeitig aufraffte, um sie zu vermeiden. Ja, aus lauter Energielosigkeit legte ich manchmal eine auffallende Energie an den Tag.

Er teilte mir das alles mit wie ein Forscher, der jahrelang an einer wichtigen Entdeckung gearbeitet hat und nun endlich das Resultat veröffentlichen kann.

Es war geradezu eine rednerische Leistung – ich kann sie leider nur unvollkommen nachstammeln.

Und der Erfolg? – Ich war zuerst verblüfft, aber dann fiel es mir wie Schuppen von den Augen: Er hat Recht.

Ich muss Ihnen gestehen, mein Freund, ich fühlte mich noch nie so verstanden. Mir war zumut wie einem Patienten, dem man endlich die richtige Diagnose stellt, die sich mit seinen eigenen ›unterbewussten‹ Empfindungen und Ahnungen deckt.

Liebster Doktor, ich habe eingesehen, dass ich zeit meines Lebens bis zu diesem Nachmittag eine unverstandene Frau gewesen bin. Und Sie müssen zugeben, es liegt ein Stück Tragik darin, immer wieder für energisch, temperamentvoll, aufgeweckt und so weiter zu gelten, wenn man eigentlich nur faul ist.

Dass ich es nie zu etwas bringe, was man eine gesicherte Existenz nennen könnte, dass ich immer ein Bild ohne Rahmen bleibe – das Rätsel, an dem wir, meine Freunde und ich, so oft vergebens herumrieten: Sir John hat es gelöst, er hat mich entdeckt wie Bobbys Talent. Ja, wirklich, ich fühle mich jetzt endlich entdeckt, verstanden, gerechtfertigt.

Und das Laufende? Von Pedro kommen viele Briefe – ungeduldig, vulkanisch, todunglücklich – er weiß nicht, was er tun und was werden soll. Ich weiß es auch nicht, aber ich bin nicht unglücklich.

Sir John sagt, es sei mein Unglück, dass ich immer so glücklich bin. Oh, Sir John ist ein großer Weiser ...

17

Heute Morgen wollte ich gerade anfangen Ihnen zu schreiben, da setzte sich ein liebenswürdiger alter Herr, den wir bei Tisch kennen gelernt haben, zu mir und fragte mich im Vertrauen, ob der Dichter wirklich mein Stiefsohn sei.

Ich dachte an meinen Brief und war zerstreut, so habe ich recht dumm geantwortet: Er sähe mir doch entschieden ähnlich. Der alte Herr warf mir einen prüfenden Blick zu und meinte: ja, ja, möglich, dass eine gewisse Ähnlichkeit – und das sei immerhin ein seltsames Phänomen. Überhaupt, die Mischung von angelsächsischem, romanischem und ausgesprochen nordischem Typus, wie sie anscheinend in meiner Familie herrsche, wäre wirklich interessant.

Diese kleine Ansprache lenkte meine Gedanken allmählich von Ihnen ab, teurer Freund, und ich begriff, dass man uns doch wohl durchschaut (o weh – wenn Pedro noch lange fortbleibt, möchte die Situation am Ende doch peinlich werden), und dass der ehrwürdige Greis mir eine zarte Warnung geben wollte.

Mein Brief blieb liegen, ich frühstückte mit dem alten Herrn, und wir haben uns ganz gut unterhalten. Er ist witzig und amüsant, wusste mir mit väterlicher Güte allerlei Geständnisse zu entlocken und erinnerte sich mit sichtlichem Vergnügen an die galanten Faiblessen seiner Jugend.

Sie wissen, ältere Herren, die noch in Betracht kommen, sind nicht mein Fall, aber die noch älteren, die nicht mehr in Betracht kommen, können manchmal sehr reizend sein. Und ich habe heute gedacht, solche wirklich charmante alte Leute sind eigentlich ein Element, das in ›unseren Kreisen‹ ganz fehlt. Wir wurzellosen Existenzen haben alle nur so einen dunklen, verschwommenen Begriff von Eltern und Senioren, die uns übelwollen. Wo noch welche vorhanden sind, bleiben sie ganz im

Hintergrund, werden gefürchtet oder sorgfältig vor uns behütet. Man kennt immer nur Altersgenossen oder Jüngere. Kommt man dann einmal, so wie heute, zufällig mit jemand viel, viel Älterem in Berührung, so wirkt er beinah wie ein seltenes, etwas unwahrscheinliches Naturspiel auf uns.

Kann man wirklich so alt sein, so ganz *hors concours*, und immer noch Freude am Leben haben und Interesse für alles?

Barmherzigkeit: Und einmal werden wir uns doch wohl auch an den Gedanken gewöhnen müssen, selbst alt zu werden – wie wird das gehen, wie soll man es machen?

Krankheit, Alter und Tod erscheinen mir immer als die drei Unmöglichkeiten des Lebens, alles andere geht irgendwie von selbst, aber mit Unmöglichkeiten muss man sich zu arrangieren versuchen.

Kranksein – das lässt sich vielleicht noch bedingungsweise ausnehmen. Unter angenehmen Verhältnissen kann es möglich, manchmal sogar ganz lustig sein – gute Freunde, viele Blumen, sympathische Ärzte und das große Gegenpläsier, wieder gesund zu werden.

Aber die beiden anderen? Der Tod – warum hat man wohl so viel Angst davor? Ich habe sie auch, aber dann denke ich wieder, es ist vielleicht ganz überflüssig, wir wissen doch noch gar nicht, ob es unangenehm sein wird. Es mag verdreht sein, aber ich ertappe mich sogar bei dem Gedanken: Das Leben ist so schön, obwohl so viel dagegen eingewandt wird – am Ende ist das Sterben auch gar nicht so übel. Schlimmstenfalls ist es eine Exekution, die nicht lange dauert.

Und das Alter – alt werden? Gott, wenn man durchaus nicht mag, es kann einen ja niemand zwingen, länger zu leben, als man will.

Aber da liegt ein böses Dilemma, es ist so viel hübscher, jung zu sterben, aber um wirklich großen Charme zu haben, müsste es schon sehr früh sein. Andererseits aber möchte man möglichst viel leben und unverhältnismäßig lange jung bleiben.

Schenkt uns nun der gütige Himmel diese ausdauernde Jugend, so wird es sehr schwer sein, den richtigen Zeitpunkt zu finden. Sehen Sie – wenn ich sterbe, möchte ich gerne noch so aussehen wie jetzt, aber ich habe doch vorläufig gar keine Lust, mich schon in die Unterwelt zu begeben. Ach, das ist wirklich schon wieder ein Problem und *a very disagreeable one*, wie Sir John sagt.

Wir saßen kürzlich alle drei bei ihm auf dem Sofa, der vorwitzige Bobby zupfte seinem Mentor drei graue Haare aus und sagte: »Meister, wir werden alt.« Mehr als die drei fanden wir nicht, und John lachte. Aber mir wurde doch ganz kalt, und ich dachte: Wenn ich nun einmal dasitze und neben mir ein junger Dichter, der mir drei graue Haare auszupft! (Nun, in dem Nebenumstand könnte ja noch etwas Tröstliches liegen.)

Übrigens glaube ich gar nicht unbedingt daran, dass das ›erste graue Haar, die erste Falte‹ ein so überwältigender Eindruck ist. Eher noch der Abschied von der allerersten Jugend, von der verwegenen Sicherheit, in jedem Zustand und jeder Verfassung – ob verweint, verkatert, übernächtig oder ausgeschlafen – immer gut auszusehen, immer auf der Höhe zu sein. Man denkt auch in diesem Stadium viel mehr über die Schrecken des Älterwerdens nach. Schon beim Abschied von Hängezopf und kurzen Kleidern meint man, nun sei die Hauptsache bald vorbei, und mit zwanzig Jahren, man hätte jetzt kaum mehr Zeit vor sich. Später dann merkt man, dass es noch recht lange dauert und wie dehnbar und geräumig das Leben in Wirklichkeit ist.

Aber, bitte, sagen Sie mir nicht wieder: Sie bleiben immer jung – es ist zwar angenehm zu hören, aber die Frauen mit der ewigen Jugend halte ich doch für einen Bluff. Es kann mich ganz nervös machen, wenn immer wieder die unselige Ninon de Lenclos herbeizitiert wird. Ich bekomme dann das Gefühl: O Gott, nein, so alt möchte ich gar nicht werden. Ich pfeife darauf, dass meine Stiefsöhne – oder waren es richtige? – sich in mich verlieben, wenn ich siebzig bin. Das ist ja doch nichts Rechtes mehr.

Ich möchte gern wissen, ob man sich überhaupt genieren wird, alt zu sein? Vor den anderen vielleicht nicht, sie sind ja daran gewöhnt, dass es alte Leute gibt, und finden nichts Auffälliges daran. Aber vor sich selbst – denken Sie nur, als alte Dame aufzustehen und sich im Spiegel zu sehen: Guten Morgen – o Gott, aber du bist ja alt – was willst du denn noch? Ja, besonders in der Früh muss es deprimierend sein, im Laufe des Tages wird man sich wohl irgendwie in seine Rolle hineinleben.

Ich stelle mir bei allen Lebenslagen, die mir peinlich sind, gerne vor, dass ich nur eine Rolle spiele, eben jetzt diese oder jene spielen muss, die mir nicht recht liegt. Zum Beispiel bei unangenehmen Auseinandersetzungen: Du bist ja nur auf der Bühne – o weh, der Souffleur ist nicht da – besinne dich rasch, was man in dieser Szene ungefähr zu sagen hat. Oder wenn man morgens aufwacht – ja, was ist denn eigentlich? Dies und jenes, alle möglichen Unannehmlichkeiten. Schön, ich habe also eine Frau zu spielen, die in Geldschwierigkeiten ist und nichts anzuziehen hat. Undankbar, aber vielleicht lässt sich etwas daraus machen. Bitte auf die Bühne …

Lieber Freund und Doktor – es ist schlecht, mit mir zu diskutieren, denn es fällt immer wieder so aus: Das ist schlimm – sehr schlimm – ja – nein, es ist eigentlich doch nicht so schlimm.

So muss ich denn schließlich auch feststellen, dass der Gedanke an die Vergänglichkeit alles Irdischen mich im Großen und Ganzen nicht sehr bedrückt, höchstens wenn ich gerade meinen ›verfluchten Tag‹ habe.

Ich denke vielmehr, wenn es erst einmal soweit ist, wird man schon damit fertig werden. Wird man alt, so treibt man sich noch eine Weile als Zuschauer auf der Welt herum, braucht sich wenigstens nicht mehr zu Taten aufzuraffen. Und die Erinnerungen, die im Alter eine so bedeutende Rolle spielen sollen? Nun, bei allen guten Dingen wird man sich freuen, dass sie da waren, und bei den schlechten, dass sie vorbei sind. Die beste Vorsorge fürs Alter ist jedenfalls, dass man sich jetzt nichts entgehen lässt, was Freude macht, so intensiv wie möglich lebt. Dann wird man dermaleinst die nötige Müdigkeit haben und kein Bedauern, dass die Zeit um ist. Für all die Leute mit verfehltem Leben, versäumter Jugend, überhaupt mit vielen Unterlassungssünden – für die muss es schrecklich sein, alt zu werden.

Nein, wenn ich mich überhaupt darauf einlasse, mein eigenes Alter mitzuerleben (was mir noch sehr fraglich ist) – in dieser Beziehung habe ich mir wenig vorzuwerfen und werde mit mildem Lächeln sagen können: Es ist genug, Herr!

Und dann will ich wenigstens eine dankbare Rolle spielen, eine sehr angenehme alte Dame sein mit möglichst wenig Falten und möglichst weißem Haar – und einen reizenden Salon haben mit einem Kaminfeuer. Um den Kamin versammeln sich abends die alten Freunde, müde galante alte Herren mit Krückstöcken, und man unterhält sich von einstigen Faiblessen.

Denken Sie nur, was wir uns dann alles erzählen werden – alles, was jetzt noch verschwiegen bleibt. In sentimentalen Stunden reden wir vielleicht auch wieder von Yvonne und dem fremden Mann – und, wenn Sie boshaft aufgelegt sind, von Paul. Ja, dann wird das Teegespräch erst seine höchste Blüte erreichen.

Danken wir Gott, dass es noch nicht soweit ist …

18

O Freund, o Doktor – das war eine schicksalsvolle Woche, und ich flüchte mich wie einst in der Regenstadt zu Ihnen, um mein müdes Haupt – nein, das geht nicht – um Ihnen mein Herz – nein, das geht auch nicht – also, einfach um Ihnen zu schreiben.

Mir ist zumut wie nach einer Kinematographenvorstellung, an der ich stark beteiligt war – also hören Sie:

Sonntag: Eilbrief aus Sizilien und drei Telegramme – er fragt, ob ich mit ihm durchbrennen will – nach Amerika natürlich. Man brennt ja immer nach Amerika durch.

Ich weiß nicht, ob ich will. Wir beratschlagen den ganzen Tag. Erst mit Sir John unter vier Augen – dann mit Bobby unter vier Augen – dann John und Bobby miteinander und ich für mich alleine und mit dem liebenswürdigen Herrn bei einer Flasche Sekt. Wir zählen an den Knöpfen ab, Bobbys Knöpfe sagen nein, Johns Knöpfe sagen ja. Bobby findet mich herzlos, aber es freut ihn, Sir John meint, meine Energielosigkeit habe den Kulminationspunkt erreicht, und er weidet sich daran. Wir zanken uns, vertragen uns wieder, werden sentimental und fühlen, dass es unendlich hart wäre, wenn wir uns jetzt so plötzlich und endgültig trennen sollten.

Mit Pedro allein einer ungewissen Zukunft entgegengehen – der alte Herr rät mir entschieden ab. Wer weiß, ob er nicht als Kellner in Chicago endet – für ihn ist's doch sicher besser, er heiratet die Cousine.

Montagabend schicken wir ein unentschiedenes Telegramm ab. Nachher bin ich sehr traurig, es tut mir leid, wenn ich ihn nun vielleicht nie wiedersehe. Bobby freut sich und wird schlecht behandelt.

Mittwoch: Nicht etwa Pedro, sondern sein Onkel tritt auf. Man meldet mir, Signor Alfàro wünsche mich zu sprechen – derselbe Name – ich will die Treppe hinunter und in seine Arme stürzen – der liebenswürdige alte Herr erscheint und warnt mich.

Ich verstecke mich in Bobbys Zimmer, Sir John geht mit Fassung dem Onkel entgegen, entführt ihn in die Stadt und redet ernste Männerworte mit ihm. Der Onkel lässt sich überzeugen, dass ich nicht mehr hier wohne, und Sir John siedelt am Nachmittag in ein anderes Hotel über, damit wir einen sicheren Zufluchtsort für alle Fälle haben.

Abends ist der Sturm vorüber, und wir wollen bummeln gehen. Wir gehen schon seit Wochen jeden Abend bummeln. John wünscht eine Variation, ich soll mich in einen Knabenanzug stecken lassen, schon damit der Onkel mich nicht erkennt, wenn wir ihn zufällig treffen. Er könnte ja bei Pedro Bilder von mir gesehen haben. Sir John hat manchmal solche Einfälle.

Vorsorglich hat er eine ganze Auswahl von Anzügen kommen lassen, ich gehe also hinüber, sein Hotel liegt nur zwei Häuser weiter, wechsle bei ihm die Kleider, Bobby muss einen Friseur holen, der mich mit einer schwarzen Perücke und vieler Schminke in einen ganz sympathischen Knaben verwandelt. Ich habe mich selbst kaum wiedererkannt, als ich mich im Spiegel sah. John war außer sich vor Vergnügen und wollte uns nun in allerlei ›merkwürdige Lokale‹ führen.

Wir gingen also unter seiner Leitung in allerlei merkwürdige Lokale – davon erzähle ich Ihnen noch gelegentlich – und kamen erst in der Morgendämmerung heim.

Ich konnte zu dieser Stunde unmöglich in meine Behausung zurück, hätte mich wenigstens erst umziehen müssen, und die Rückverwandlung in meinen vorigen Zustand war ziemlich zeitraubend. So überließ John mir sein Schlafzimmer – er hat noch einen Salon daneben. Drüben in dem anderen Hotel sollte Bobby die Dehors wahren und uns Nachricht bringen, wenn der Onkel am Ende wiedererschienen wäre. Bei Tage konnte ich dann unauffällig wieder hinüberwechseln.

In heiterer Seelenruhe legte ich mich nieder und schlief bis sechs Uhr nachmittags.

Als ich aufwachte, stand Bobby vor meinem Bett.

»Um Gottes willen, Pedro ist da, und John ist ausgegangen ...«

»Wo ist Pedro ...?«, aber in dem Augenblick kam er selbst herein.

Lieber Doktor, ich war so verschlafen, dass ich mich überhaupt nicht besinnen konnte, wo ich war und was die beiden von mir wollten. Der Anzug von gestern Abend hing noch über einem Stuhl, und meine Kleider waren drinnen im Salon. Ach, man sollte doch immer abends seine Tür zuschließen.

Ich muss zugeben, dass der Schein gegen mich sprach: Bobbys Anwesenheit – Johns Zimmer – der Knabenanzug – und es tat mir furchtbar leid, den armen Pedro so empfangen zu müssen.

Wie es sich dann weiter entwickelte? Immerhin noch ›harmonischer‹, als man hätte annehmen sollen. Wenn ich ein schlechtes Gewissen habe (schlechtes Gewissen ist das Gefühl, einem anderen etwas Unangenehmes getan zu haben), kommen immer meine schönsten Herzenseigenschaften zum Vorschein. Ich hätte es nicht über mich gebracht, mich in Bösem von ihm zu trennen. Es war dieses Mal eine phantastisch schwere Aufgabe, aber sie ist gelöst worden.

Pedro und ich fuhren noch denselben Abend nach Amalfi und nahmen dort drei Tage lang Abschied.

Wir haben uns auf vorläufige Trennung geeinigt. Mit dem Durchbrennen wäre es ohne des Onkels Zustimmung doch eine untunliche Sache gewesen. Er sollte also mit dem Onkel, den Sir John inzwischen bändigte, nach Sizilien zurückfahren und ruhig heiraten.

Ich hoffe, Sie, teurer Doktor, werden nie wieder an meinem Altruismus zweifeln. Dieser Mann braucht entschieden eine Frau, die ihm immer treu ist, und ich habe ihm wohl oder übel auseinandersetzen müssen, dass mir das schwerfallen würde.

Wir gedenken uns zwar über kurz oder lang wiederzusehen, aber der Abschied ist uns doch recht schwer geworden. Es ist ein Elend – habe ich jemanden sicher und für immer, so wird es mir bald über, aber wenn ich ihn weggeben muss, reut es mich wieder.

Jetzt ist er fort. In mein Hotel bin ich nicht mehr zurück, sondern habe mich drüben einquartiert. Sie kennen meine Gewohnheit, nach jeder Katastrophe vor allem gründlich auszuschlafen – so habe ich mich auch diesmal gleich in mein Zimmer zurückgezogen und von Montag bis Donnerstag immer nur geschlafen. John und Bobby besuchten mich von Zeit zu Zeit und waren sehr besorgt um Wohlergehen und Seelenzustand. Sie wussten eben noch nichts vom Katastrophenschlaf, und ich konnte sie erst darüber belehren, als er zu Ende war.

Und jetzt? Ja, das weiß ich noch nicht, jetzt muss ich mich erst wieder vom vielen Schlafen erholen ...

19

Vorausgesehen – Sie tun sich leicht, lieber Freund. Wenn etwas geschieht oder geschehen ist, brauchen Sie nur den Epilog zu machen. Und Pedros Grabrede war allerdings eine Ihrer Glanzleistungen.

›Das Engagement war nicht für die Ewigkeit‹, das, ja, das konnte man wohl voraussehen. Und doch: Wäre das Wiedersehen nicht so unglücklich inszeniert gewesen und der Onkel nicht so hartherzig, dann säßen wir jetzt vielleicht Hand in Hand auf einem Ozeandampfer. Ob ich nun mein wahres Lebensglück verscherzt habe oder ob es vielleicht ungeheuer gescheit war, selbiges zu verscherzen – wer kann das sagen? Die Trennung von John und Bobby hätte mir wahrscheinlich ebenso sehr das Herz gebrochen. Pedro ›konnte‹ ich eigentlich doch nur im Ensemble, allein wäre ich ihm auf die Länge nicht gewachsen gewesen.

Unsere Koffer stehen schon halb gepackt, und dies ist voraussichtlich der letzte Brief, den ich Ihnen von hier aus schreibe. Die nächste Programmnummer wird heißen: ›Bobbys Insel‹.

Sir John will uns in Bälde nachkommen. Dann wollen wir den ganzen Sommer in der Sonne liegen und Bobby zum mondänen Dichter erziehen. John hat ja sozusagen die Verantwortung übernommen, dass etwas aus ihm wird, und er meinte, für diesen Typus würde er sich am besten eignen.

Die beiden haben noch viel mit ihren Reisevorbereitungen zu tun und sind meist in der Stadt. Ich habe auf der Terrasse einen traumhaft bequemen Schaukelstuhl und verbringe diese letzten Tage in stiller Beschaulichkeit. Dabei habe ich eine neue Erkenntnis gewonnen – wieder einmal, werden Sie sagen. Aber diese hat sehr viel Endgültiges.

Lieber Freund, ich bin mir darüber klar geworden, dass mein Leben nach einem umgekehrten Prinzip verläuft – oder ist es deutlicher so: Das Prinzip meines Lebens ist, dass alles umgekehrt geht.

Sie haben Sir Johns Diagnose anerkannt: Ich bin im Grunde faul und energielos und gerate doch so oft in Lebenslagen, die Energie erfordern, also muss ich meiner Bestimmung entgegengesetzt handeln. Das erweckt einen falschen Eindruck, der mich wiederum zu lauter umgekehrten Handlungen zwingt. Nicht wahr, das stimmt?

Ferner: Ich habe so viel Anlage zu passivem Glück, und dabei sind meine ›Glücke‹ fast immer stürmisch und bewegt. Ich ›kann‹ keine Konflikte, und immer gibt es welche.

Vor allem aber: Was ich auch tue, beginne und plane, unweigerlich kommt dabei das Gegenteil heraus. Das kann doch nicht nur Zufall sein. Unternehme ich etwas ungemein Nützliches und Wohlüberlegtes, so gibt es sicher den größten Unsinn. Tue ich aber gänzlich unzweckmäßige und unüberlegte Dinge, dann kommt etwas Vernünftiges zustande. Kurz, ich ernte nie, was ich gesäet habe, sondern jedes Mal etwas ganz Überraschendes.

Und die Moral: Wem das Los so fällt wie mir, nämlich umgekehrt, der suche eben umgekehrt zu leben, immer von vornherein das Umgekehrte zu tun – dann muss es sich wieder ausgleichen.

Seit diese Erleuchtung über mich gekommen ist, bin ich sehr zufrieden. Ich begreife, dass in der Erkenntnis wirkliches Glück liegen kann. Alle weitere Gedankenarbeit überlasse ich Ihnen, es war schon eine bedeutende Leistung, Ihnen das alles so wohlgeordnet vorzutragen.

Und die praktische Anwendung – mein lieber, guter Freund? Wie Sie mir schreiben: Es wäre sicher das Beste, wenn ich jetzt zurückkäme, dorthin, wo ein getreues Herz für mich schlägt, und wenn ich nur wollte, auch eine sogenannte Existenz bereit wäre. Von diesem Herzen und dieser Existenz habe ich Ihnen ja in den Tagen der Regenstadt schon Näheres erzählt und …

Aber nein – ich werde von jetzt an nie mehr das tun, was sicher das Beste wäre und das Gescheiteste. Bobbys Insel ist gewiss das Dümmste, was ich tun kann – und ich wähle Bobbys Insel.

Sobald wir sie gefunden haben, schreibe ich Ihnen – wir wissen ja selbst noch nicht, wo sie liegt – und deshalb sage ich Ihnen heute mit einer gewissen Feierlichkeit Lebewohl und – *à tantôt* ...

Zu dieser Ausgabe

Grundlage für diese Ausgabe ist:

> Franziska Gräfin zu Reventlow: Romane. Hrsg. von Else
> Reventlow. München/Wien: Langen Müller, 1976. S. 9–98.

Die Orthographie wurde behutsam dem heutigen Sprach-
gebrauch angeglichen.

Nachwort

»Vielleicht bin ich selbst eben nur provisorisch gedacht,
nur ›entworfen‹.«

»Wissen Sie, bei dem hiesigen Klima ist es eine enorme Leistung, mit dem Kopf zu arbeiten«, schrieb Franziska Gräfin zu Reventlow im März 1911 aus Ascona an den Philosophen Paul Stern. Gleichzeitig verwahrte sie sich dagegen, als Schriftstellerin bezeichnet zu werden. »Beruf ist etwas, woran man stirbt«, heißt es in dem Roman *Von Paul zu Pedro* (1912), an dem sie damals arbeitete, »es hat so viel peinlichen Beigeschmack – eine schreibende Frau – schrecklich. Denken Sie nur, alle Leute, die man nicht kennt, taxieren einen auf geistige Interessen und dergleichen. Sonst hätte es vielleicht etwas für sich: Man brauchte nur eine Füllfeder und einen guten Diwan – nein, ich müsste auch einen Kompagnon haben, sonst wäre es doch wieder langweilig und anstrengend.«

Franziska Gräfin zu Reventlows kühnstes Werk war sicherlich ihr Leben, und doch entstand ›nebenbei‹ und von der literarischen Öffentlichkeit weitgehend unbemerkt ein schmales Œuvre, das zunehmend ironischer und souveräner von Liebe, Boheme und Geld erzählte.

Der ursprüngliche Titel der Amouresken *Von Paul zu Pedro* lautete »Teegespräche«, wie sie ihrem Freund, dem Schriftsteller Franz Hessel, am 9. Dezember 1910 schrieb: »Ich glaube, ich werde die Briefe an Franzl zwar an Franzl schreiben, aber sie dann in ›Teegespräche‹ umtaufen. Was meinen Sie?« Im April 1911 meldete sie, dass »die Briefe an Franzl« in ihrem Unterbewusstsein schon wüchsen. Reventlow wählte eine moderne Hetärenfigur als Protagonistin ihres kurzen Briefromans und brachte dabei Positionen ihrer früheren Essays, *Das Männerphantom der Frau* (1898) und *Viragines und Hetären?* (1899), wieder ins Spiel. Das Genre des Briefromans nutzte sie, um die eigene Biographie ironisch zu inszenieren und ihren Ruf als heidnische Hetäre und große Liebende zu kultivieren. Themen dieser Teegespräche, die als kluge Parodie der klassischen griechischen Hetärengespräche gelten können, sind Liebe und Erotik. Der fiktive Adressat – der Franz Hessel ähnelt – ist ein verständnisvoller Freund, der ab und zu »Herr Doktor« genannt wird. Der Tonfall der Briefe ist spöttisch-geistreich, leicht frivol, niemals grob, immer anmutig.

Ihren verschiedenen Liebhabern gilt das Interesse der Schreiberin; sie entwirft eine eigene Typologie: Paul, der »etwas Lustiges, Belangloses, ohne Bedenken und ohne Konsequenzen« ist und zu dem immer »Koffer und Kellner, irgendeine momentane und geräuschvolle Umgebung« gehören, stellt sie Pedro, den ungestümen, temperamentvollen »feurigen« Liebhaber gegenüber. Daneben gibt es noch den »Retter«, den schlimmsten Typus von allen, für den der Philosoph Ludwig Klages als Vorbild gedient haben dürfte: »Der Retter meint es gut und aufrichtig, schon das ist schwer zu ertragen. Und er leidet durch die Bank an unheilbarer Selbstüberschätzung, hält sich eben für einen, der imstande sei, unser zerflattertes Liebesleben mit einzufangen und auf einen Hauptpunkt, nämlich auf sich selbst zu konzentrieren.« In dem »fremden Mann«, der stets Distanz hält, dessen »infamer Charme« jedoch den »Idealfall« des Erotischen darstellt, ist unschwer der Rechtsanwalt Alfred Friess zu erkennen, mit dem Reventlow eine Amour fou verband. Auch der Typus des »verheirateten Mannes« sowie der eleganten »Begleitdogge«, die man durchaus an Freundinnen ausleihen und mit der man in Gesellschaft Eindruck machen kann, werden im Plauderton vorgestellt – ebenso wie die »Dichterliebe« und die »Konversationsliebe«. Genauso vielfältig wie die Liebhaber sind die Formen und Konzepte der Liebe, über die sich die Briefschreiberin äußert. Nur eins ist dabei klar: »Monogamie und Treue sind sicher eine große Vereinfachung des ›Problems‹.«

Der rote Faden des Hetärengesprächs bleibt der Protest gegen alles Bürgerliche und Konventionelle. Freimütig bekennt Reventlows Heldin, sie habe nie das Verlangen gehabt, »einen Menschen ganz zu ›besitzen‹ oder ihn über Gebühr festzuhalten. Dazu ist das Leben zu kurz. Und wer mich festhalten wollte – es kam hier und da vor – ist niemals sehr zufrieden mit dem Erfolg gewesen. Meine Unbeständigkeit ist also eigentlich ein schöner und altruistischer Zug, es macht mir gar kein Vergnügen, anderen Leiden zu verursachen.« Schon als 14-Jährige habe sie der Monogamie ratlos und skeptisch gegenübergestanden. Sie erinnert sich an ihre Tanzpartner, die ihr Komplimente machten und sie wie eine Dame behandelten. »Zwei waren brünett und einer blond. Die beiden Brünetten gefielen mir beinah noch besser, aber ich liebte auch den Blonden. Und ich weiß noch so gut, wie ich damals dachte, dass man doch immer nur einen Mann heiraten könnte; wenn man nun aber drei liebt – was dann?«

Eine bürgerliche Ehe – mit Abhängigkeit, Intoleranz und zu großer Nähe – ist für sie undenkbar. Sie kann sich höchstens eine Distanzehe vorstellen »mit sehr viel Geld, so dass jeder seinen eigenen Flügel bewohnte, seinen eigenen Train und seinen Verkehr für sich hätte. Zu den Mahlzeiten träfe man sich in großer Toilette und mit vielem Zeremoniell, will er mich außerdem noch sehn, so lässt er sich durch seinen Kammerdiener melden: Der gnädige Herr lässt fragen, ob sein Besuch heute Abend angenehm wäre? – Der gnädige Herr ist immer willkommen.«

Sie sei, bekennt Reventlows Heldin freimütig, vielleicht selbst nur »provisorisch gedacht, nur ›entworfen‹«. Als erfahrene Frau weiß sie, dass dieses Provisorium die Chance bietet, sich ständig selbst neu zu erfinden und zu inszenieren. Im Lauf des eigenen Lebens wechseln die Rollen und Kulissen genauso wie die Hochs und Tiefs. Die Libertinage bietet Abenteuer – und zuweilen Heimatlosigkeit: »Teurer Doktor, da wir nun doch einmal von mir reden – seit ich aus meinem wertvollen alten Familienrahmen entfernt wurde, hat mir wohl keiner mehr gepasst. Mancher war recht gut, mancher wieder sehr mittelmäßig, und es gab auch Zeiten, wo das Bild nur mit Reißnägeln an die Wand geheftet war.«

Weihnachten 1911 teilte Reventlow Paul Stern mit, sie schwimme in einem »Freudenrausch«, denn ihr Briefroman sei von dem Verleger Albert Langen angenommen worden. »Ich will jetzt im Sturm Karriere machen, um wirklich einmal faulenzen zu können«, kündigte sie an. »Arbeiten ist wirklich eine Erfindung des Teufels, und ich sehne mich manchmal nach der Glasmalzeit zurück, wenn man keine Aufträge hatte.« Auch Franz Hessel ließ sie an ihrem Glück teilhaben: »Franzl, Hurra, die ›Teegespräche‹ sind angenommen, man hat es liebevoll zu Weihnachten mitgeteilt. Sie sehen«, schrieb sie ihm, »ich fasse meinen Beruf jetzt sehr ernstlich auf. Dass er mich freut, könnte ich nicht behaupten.« Bei der Titelfindung zu ihrem Briefroman möge er ihr helfen, ihr Favorit »Teegespräche« gefalle dem Verleger nicht – »können Sie mir nicht einen andern finden, etwas mehr Sensation mit erotischem Hintergrund?« Von wem der neue Titel letztlich stammt, von Reventlow selbst oder von Hessel oder vom Verlag, ist unsicher; jedenfalls erschien das Buch *Von Paul zu Pedro* mit dem Untertitel *Amouresken* 1912 im Albert Langen Verlag München. Als Autorin wurde F. Gräfin zu Reventlow genannt – unter diesem Namen, ihrem Mädchennamen, sollten nun alle ihre Werke erscheinen.

»Ich will überhaupt lauter Unmögliches.«

Fanny Liane Wilhelmine Sophie Auguste Adrienne Gräfin zu Reventlow wurde am 18. Mai 1871 als Tochter des Landrats Ludwig Graf zu Reventlow und seiner Frau Gräfin Emilie, geb. zu Rantzau, in Husum geboren. Zusammen mit fünf Geschwistern wuchs sie im Schloss vor Husum auf. Schon früh rebellierte sie gegen die Erziehung zur höheren Tochter, die vor allem durch Reglementierung und Lieblosigkeit bestimmt war. Sie entdeckte für sich eine Fluchtlinie, die ihre lebhafte Phantasie anregte und ihr gleichzeitig Sicherheit verlieh: das Schreiben von Tagebuchnotizen und Briefen. Die Themen, die sie wählte, entsprachen denen, die sich leitmotivisch durch ihr literarisches Werk ziehen: Liebe – Erotik – Geld – Freiheit. Im Alter von 19 Jahren verkündete sie: »Ich will und muss einmal frei werden; es liegt nun einmal tief in meiner Natur, dieses maßlose Streben, Sehnen nach Freiheit.«

Nach dem Umzug ihrer Familie nach Lübeck im Jahre 1889 absolvierte Reventlow eine Lehrerinnenausbildung – damals die Standardmöglichkeit für junge Frauen aus ihrer Gesellschaftsschicht, sich beruflich zu engagieren. Doch ihr reichte es nicht. Als sie endlich volljährig war, machte sie sich auf den Weg in den Süden: 1893 ging sie für ein knappes halbes Jahr nach München, um eine private Malschule zu besuchen, an der auch Frauen zugelassen waren. Ihr damaliges Ziel: Sie wollte Bildhauerin und Malerin werden. 1903 veröffentlichte sie ihren ersten Roman, *Ellen Olestjerne*, stark autobiographisch geprägt und in Rainer Maria Rilke einen engagierten Fürsprecher findend. Dieser Roman ist die einzige Quelle, in der sich Berichte über Reventlows Kindheit finden. Zwar erinnert sie sich auch in ihren Tagebüchern und Briefen immer wieder daran, aber nur sporadisch und unzusammenhängend.

Einen aufschlussreichen Briefwechsel mit ihrem Jugendfreund Emanuel Fehling beginnt sie im März 1890. Da ist sie 19 Jahre alt, lebt in der elterlichen Wohnung in Lübeck und besucht heimlich den verrufenen Ibsenclub. Wegen ihrer unerlaubten Korrespondenz wird sie von den Eltern 1892 ins Adelbyer Pfarrhaus verbannt. Ihre erhaltenen Tagebuchaufzeichnungen beginnen erst am 18. Februar 1895. Sie ist jetzt 23 Jahre alt und lebt in Hamburg als Ehefrau des Juristen Walter Lübke – eine Rolle, die sie nur kurze Zeit spielen sollte.

Mit der Arbeit an *Ellen Olestjerne* begann Franziska zu Reventlow 1900 in München, wo sie sich als inzwischen geschiedene Frau und alleinerziehende Mutter eines dreijährigen Sohnes mit Übersetzungen aus dem Französischen über Wasser hielt. Ende Mai reiste sie mit dem kleinen Rolf und ihrem damaligen Freund, dem Geologen Albert Hentschel, nach Kleinasien und Samos. Sie blieben bis Dezember. In diesen sieben Monaten unterwegs wandte sie sich ernsthaft ihrem Romanmanuskript zu und hielt darüber den Schriftsteller Ludwig Klages, mit dem sie – parallel zu Hentschel – eine intensive Liebesbeziehung verband, in langen Briefen auf dem Laufenden. »Ich bin doch im tiefsten Grunde einverstanden mit dem Leben, mit meinem Leben. Ich denke, das Buch muss etwas werden. Und ich bin jetzt fest entschlossen, den Winter ausschließlich daran zu arbeiten, nicht zu übersetzen«, schrieb sie ihm am 3. November 1900. Aber Samos war nicht der geeignete Ort, um eine Kindheit und Jugend in Schleswig-Holstein zu beschreiben. Erst nach ihrer Rückkehr nach München, am 9. Januar 1901, heißt es triumphierend in ihrem Tagebuch: »Mein Roman fängt an in mir zu leben.«

Es war für Reventlow überlebenswichtig, die Geschichte ihrer Kindheit und Jugend zu erzählen. Sie hat sich den Roman abgerungen, sie hat darum gekämpft – gegen die Zeit, gegen die Anforderungen des Alltags und vor allem gegen sich selbst. Obwohl sie sich immer wieder ironisch oder sogar abfällig über schreibende Frauen geäußert und es vehement abgelehnt hat, als Schriftstellerin bezeichnet zu werden, hat sie diesen Beruf mit allen Konsequenzen ausgeübt. Sowohl ihre Tagebucheintragungen als auch ihre Briefe belegen das beinahe schmerzhaft eindringlich.

Rückblickend resümiert sie am 20. September 1903, als der Roman gedruckt wurde: »Die Schreiberei kommt mir vor wie ein Tier mit einem Stachel, das man sich langsam und mühsam aus dem Fleisch ziehen muss.« Damit liefert sie eine drastische

Charakteristik des Erinnerungsprozesses: Erinnern als Tier, das mit seinem Stachel Schmerzen verursacht, die man betäuben muss. Das Aufschreiben dient dem Entfernen, dem Befreien von diesem Stachel, also der Heilung. Die hatte sie dringend nötig, denn sie fühlte sich seit ihrer Kindheit gewaltsam in bestimmte Bahnen gedrängt und in ihrer Gefühlswelt verletzt. Sie begehrte auf: »Ich will überhaupt lauter Unmögliches, aber lieber will ich das wollen, als mich im Möglichen schön zurechtzulegen.«

»Ich zerbreche nie, bin der prädestinierte Phönix«

In München entfaltete sich am Anfang des 20. Jahrhunderts ein ganz besonderes und unvergleichliches Lebensgefühl, das mit dem Code »Schwabinger Boheme« auf den Punkt gebracht wurde. Es setzte sich aus unterschiedlichen Strömungen zusammen: Kunst, Politik und Wissenschaft gingen eine ungewöhnliche Liaison ein. Ein Leben ohne Alltag wurde genauso propagiert wie das Leben als niemals endendes Fest, dessen Motto »Freiheit, Großzügigkeit und Genuss« war. »Mir ist manchmal als ob ich reicher wäre, mehr umschließen könnte mit meinen Armen, als alle anderen Menschen«, so Reventlow.

Die Aufbruchstimmung hatte nicht nur das öffentliche Leben zwischen dem Cabaret Simplicissimus und dem Café Stefanie erfasst, sondern war in die intimsten Bereiche eingedrungen. Vor allem die Frauen akzeptierten nicht länger den Platz und die Rolle, die ihnen gesellschaftlich zugewiesen wurden. Sie machten sich auf die Suche nach einer eigenen Identität und traten in den Prozess einer permanenten Selbst- und Neuschöpfung ein. Malerin, Schriftstellerin, Schauspielerin, Diseuse, Tänzerin, Puppenmacherin, Komikerin waren plötzlich realistische Existenzformen geworden, die es zu erproben galt. Nichts schien endgültig, alles befand sich im Fluss.

Reventlow lebte radikal, souverän und unverhohlen einen subtilen und individuellen Lebensstil, in dem sie sich alle Freiheiten nahm, die sie wollte – vor allem auch sexuelle. Sie äußerte sich nicht bloß theoretisch über die freie Liebe, sondern lebte sie. Von ihren Liebhabern wurde sie bezeichnet als heidnische Madonna, Grande Dame, Inkarnation der erotischen Rebellion, große Amouröse, Sirene, Vollweib, Femme fatale, tolle Gräfin, Skandalgräfin, Königin der Boheme, Virtuosin des Lebens und der Geselligkeit.

Der Schriftsteller Erich Mühsam, der wie sie aus Norddeutschland stammte und ihr schon in Lübeck begegnet war, bewunderte ihre geniale Fähigkeit, Glück vollkommen auszukosten und zu genießen, und nannte sie in seinem Tagebuch den »innerlich freiesten und natürlichsten Menschen«, dem er je begegnet sei. »Sie trug, außer ihrem Namen, nichts an sich, was vom Moder der Vergangenheit benagt war. In die Zukunft gerichtet war ihr Leben, ihr Blick, ihr Denken; sie war ein Mensch, der wusste, was Freiheit bedeutet, ein Mensch ohne Vorurteile, ohne traditionelle Fesseln.«

Franziska Gräfin zu Reventlow entwickelte die Utopie einer erotischen Kultur der Geschlechter und fühlte sich daher der bürgerlichen Frauenbewegung fremd, obwohl sie deren Forderungen nach gleicher und gemeinsamer Schulbildung der Geschlechter unterstützte. Was sie vehement kritisierte, war das Basieren dieser Bewegung auf der christlichen Moral sowie das Bestreben, die Frauen zu vermännlichen und die Männer zur Askese zu erziehen. Für sie stand nämlich außer Frage, dass die Entfaltung von Weiblichkeit im Sinne von erotischer Lebenskunst nicht nur auf ökonomischer Unabhängigkeit, sondern auch auf sexueller Emanzipation basieren musste. Dazu waren allerdings ein »modernes Heidentum« und die Akzeptanz der Differenz zwischen den Geschlechtern unabdingbar. Mehr noch, sie waren die positive Voraussetzung: »So geht mir doch mit der Behauptung, die Frau sei monogam! – weil ihr sie dazu bringt, ja! Weil ihr sie Pflicht und Entsagung lehrt, wo ihr sie Freude und Verlangen lehren solltet.«

Sie prangerte das Christentum an, weil es »den Menschen in einen unlöslichen Konflikt zwischen seiner eigenen Natur und die ihm aufgezwungene Moral« stürze, und forderte »den Mut zur Sündhaftigkeit«, die man »lieber Lebensfreude nennen« solle. In ihrem 1899 erschienenen Aufsatz *Viragines oder Hetären?* spricht sie sich für eine Frauenbewegung aus, die für die Frau freie Verfügung über ihren Körper fordert. Es ging ihr bei dieser Freiheit nicht um eine möglichst große Zahl von Liebhabern, nicht um Quantität, sondern um Qualität: »Es kann wohl manchmal Liebe und ›große Leidenschaft‹ sein, aber ein andermal – viele, viele andere Male ist es nur Pläsier, Abenteuer, Situation, Höflichkeit – Moment – Langeweile und alles Mögliche. Jede einzelne Spielart hat ihre besonderen Reize, und das Ensemble aller dieser Reize dürfte man wohl Erotik nennen«, heißt es in *Von Paul zu Pedro*.

Reventlow kannte ein ebenso großes wie vielfältiges Spektrum von Liebesarten. Dazu gehörten große Leidenschaften und Affären voller Dramatik genauso wie anonymer Sex mit »fremden Männern«, Gruppensex, Orgien, Prostitution und Mutterliebe. Die wichtigsten Männer in ihrem Leben waren: Emanuel Fehling, Walter Lübke, Alfred Friess, Ludwig Klages, Franz Hessel, der Schriftsteller Karl Wolfskehl, der polnische Maler Bohdan von Suchocki, genannt Such – und ihr Sohn Rolf. Er kam 1897 zur Welt und wurde von ihr allein aufgezogen. Seinen Vater hat sie nie bekannt gegeben und die Schattenseiten ihrer Existenz – permanente Geldnot, Einsamkeit und Selbstzweifel – tapfer ertragen. »Ich zerbreche nie, bin der prädestinierte Phönix«, notierte sie in ihrem Tagebuch.

Das Leben der Schwabinger Boheme hat Reventlow in ihrem Roman *Herrn Dames Aufzeichnungen oder Begebenheiten aus einem merkwürdigen Stadtteil* porträtiert, der 1913 im Albert Langen Verlag publiziert wurde. Mehr als vierzig Jahre später, am 23. September 1946, empfahl Karl Wolfskehl in einem Brief an Ludwig Curtius, dem damaligen Direktor des Deutschen Archäologischen Instituts in Rom, der sich über das München der Jahrhundertwende informieren wollte: »Die beste Quelle, fast bis ans Tatsächliche heran, jedenfalls doch für Stimmung und Luft der Epoche, ist und bleibt der Reventlow *Herrn Dames Aufzeichnungen.*«

Mit ihrem Schwabing-Roman betrat Reventlow literarisch neue Wege: Sie entwickelte die Methode der Zeitraffung und Aussparung als Stilmittel, um das »Leben ohne Alltag« der Boheme einzufangen. Der Schlüsselroman bot den zusätzlichen Reiz eines Wiedererkennens der authentischen Personen hinter den Figuren. Die Autorin kombinierte sie mit frei erfundenen und kreierte eine eigene Form der Ironie als Stilmittel: die Naivität – als Tarnung und Strategie. Mit gespielter Unwissenheit entlockt Herr Dame seinem Gegenüber oft unfreiwillig entlarvende Aussagen. Außerdem benutzte die Autorin den Schwebezustand der Ironie, ein Sich-Nicht-Festlegen, um die Atmosphäre des kosmischen Kreises um den Dichter Stefan George darzustellen.

»Der Herr hat's gegeben, der Herr hat's genommen, der Name des Herrn sei gelobt!«

Nach Jahren zunehmender materieller Not und körperlicher Schwäche war Reventlow 1910 dem Rat Erich Mühsams gefolgt und nach Ascona gegangen, der südlichen Dependance der Schwabinger Boheme. Dort hatten sich um die Jahrhundertwende eine Reihe von Aussteigerinnen und Aussteigern angesiedelt, die die Idee des »neuen Menschen« und eine neue Form des Zusammenlebens fernab von der Großstadt realisieren wollten. Hier wurde der Monte Verità – der Berg der Wahrheit – zum Schauplatz sozialer Experimente, zu einer Art Versuchslabor für alternative Lebensformen. Er zog Künstlerinnen, Schriftsteller, Bohemiens, Frauenrechtlerinnen, Lebensreformer, Wissenschaftler, Naturheiler, Esoteriker aus ganz Europa an, darunter: Max Weber, Hermann Hesse, W. I. Lenin, Leo Trotzki, C. G. Jung, Otto Gross, Erich Mühsam, Isadora Duncan, Mary Wigman, und blieb lange Zeit ein wichtiges geistiges Zentrum, in dem sich unterschiedliche Weltanschauungen entwickelten und etablierten.

Anfangs hatte sich Franziska Gräfin zu Reventlow von dem Tessiner Utopia nicht sonderlich angezogen gefühlt. Doch seit dem Sommer 1907 tauchte das Reiseziel Ascona in ihren Briefen an Bekannte immer wieder auf – stets im Zusammenhang mit Erich Mühsam, mit dem sie »gemeinsame Raubzüge« plante, um »reiche Russen« kennenzulernen. 1910 konnte sie einen Erfolg verbuchen, wie sie Paul Stern berichtete: »Ich bin eigens nach Ascona gekommen, um mich mit einem heruntergekommenen baltischen Baron zu verheiraten. Er verfolgt dabei den Doppelzweck, seine Familie zu schikanieren und ihr zu imponieren, und hat als Belohnung für die mutige Tat die Hälfte seiner Erbschaft ausgesetzt.« Um ihrer permanenten finanziellen Misere endlich zu entkommen – der Baron hatte ihr immerhin die Hälfte seines stattlichen Erbes versprochen –, ließ sie sich auf das Wagnis einer Scheinehe ein. Baron Alexander von Rechenberg-Linten, der Spross einer deutsch-russischen Adelsfamilie aus Riga, kämpfte ständig mit finanziellen Schwierigkeiten, und sein wohlhabender Vater verlangte, dass er durch eine Heirat sein Leben endlich in geordnete Bahnen lenken sollte. Andernfalls, so drohte er, wollte er ihn enterben. Als Erich Mühsam davon erfuhr, wusste er sofort Rat. Umgehend unterbreitete er Reventlow das Angebot – und war überrascht von ihrer Reaktion: »Wie heißt der Kerl?«, habe sie nach kurzer Überlegung gefragt und dann lakonisch geantwortet: »Rechenberg ist ganz praktisch. Da brauche ich ja nicht einmal die Monogramme in den Taschentüchern umzusticken.« So machte sich Mühsam ans Werk, »der wertvollsten Frau«, die er kannte, »ein für alle-mal aus Elend und Bruch« zu helfen. Am 16. Mai 1911 wurde der Ehevertrag zwischen Sig. Alessandro von Rechenberg-Linten junior und Sig.ra Fanny Contessa di Reventlow geschlossen, zwei Wochen später fand die Trauung statt. Mit der Erbschaft war erst mit dem Tod des Schwiegervaters zu rechnen, weswe-gen Reventlow bald wieder für den Albert Langen Verlag über-setzte. Sie schrieb erneut für die satirische Wochenzeitschrift *Simplicissimus* und bot Zeitschriften wie der *Jugend* literarische Arbeiten zur Veröffentlichung an.

Im Frühjahr 1913 trat der Erbfall ein. Alle warteten auf die Auszahlung des Geldes. Der Verstorbene hatte seinem Sohn al-lerdings kein Bargeld hinterlassen, sondern Aktien der Bahnge-sellschaft Moskau – Kiew – Woronesch. Die frischgebackenen Eheleute erhielten jeweils einen Kreditbrief in Höhe von 10 000 Franken, die restliche Summe sollte ausgezahlt werden, sobald der Erlös des Aktienverkaufs auf der Bank eingetroffen war. Doch im Frühjahr 1914 zerschlug sich der Traum vom großen Geld, wie Rolf Reventlow berichtete. Er saß im Café »Sport« in Ascona und las Zeitung, als plötzlich um ihn herum helle Auf-regung herrschte. Als er nach dem Grund fragte, erfuhr er, dass drei Tessiner Banken Bankrott gegangen waren. Seine Befürch-tung bestätigte sich: Auch die »Credito Ticinese«, bei der seine Mutter ihr Geld angelegt hatte, war darunter. Rolf begab sich sofort zu ihr – sie saß gerade mit Freunden am Kamin im Alber-go Quattrini, dem ersten Haus am Platz. Ihre Reaktion auf die verhängnisvolle Nachricht war lakonisch-souverän: »Der kurze Glanz war sehr schön, der Krach eigentlich auch ganz lustig, und der Entschluss, im Ausland zu bleiben, erlösend. – Kurz, der Herr hat's gegeben, der Herr hat's genommen, der Name des Herrn sei gelobt!« Eine Attitüde, die sie später der Heldin ihres Romans *Der Geldkomplex* (1916) zuschrieb: »Ich behaupte ja glücklicherweise bei schlechten Nachrichten meine Haltung immer besser als bei guten.«

>»Ein unschätzbares Gefühl: nicht hier und nicht da,
sondern einfach fort zu sein.«

Unmittelbar nach ihrer Scheinehe, der geplatzten Erbschaft und
dem Bankenkrach schrieb Reventlow den *Geldkomplex*, der
ebenfalls im Münchner Albert Langen Verlag erschien. Im Untertitel trägt er die ironische Widmung: »Meinen Gläubigern
zugeeignet.« Der Briefroman spielt in einem Sanatorium. Neben altmodischen Nervenärzten tritt ein Vertreter der neuen,
als Wissenschaft umstrittenen Psychoanalyse auf. Der Freudia-
ner Dr. Baumann diagnostiziert die notorische Finanzmisere
der Ich-Erzählerin als Symptom einer gestörten existentiellen
Beziehung, als Geldkomplex. Und Reventlows Heldin muss be-
kennen: »Ich habe die Sache mit dem Geld niemals ernst genug
genommen, ließ es so hingehen und dachte, es würde schon
einmal anders werden. Kurz, um mich im Freudianerjargon aus-
zudrücken – ich habe es entschieden ins Unterbewusstsein ver-
drängt, und das hat es sich nicht gefallen lassen.« Dr. Baumann
erklärt ihr den Vorgang der Verdrängung: Alle schmerzhaften
und unangenehmen Wünsche und Vorstellungen würden vom
Oberbewusstsein ins Unterbewusstsein verschoben, wo sie
sich zu Komplexen entwickelten. Die Überzeugung, fast jeder
Komplex beruhe auf verdrängter Erotik, kann Reventlows Alter
Ego allerdings nicht akzeptieren: »Dass ich in der Verdrängung
der ›Erotik‹ Erhebliches geleistet habe, konnte ich nun wirklich
beim besten Willen nicht behaupten … im Gegenteil, es wäre
mir und meinen Finanzen sicher besser gewesen, ich hätte es
mehr getan.« Überhaupt sei sie ihr »Leben lang allen menschli-
chen und seelischen Konflikten gewachsen, nur den wirtschaft-
lichen nicht. Weder glückliche noch unglückliche Liebe, weder
Ehe noch Ehebruch, sondern ausschließlich Gläubiger, Haus-
herrn und Lieferanten« hätten es geschafft, sie »psychisch zu
zerrütten«.

Der Geldkomplex erinnert in seinem subtil-lässigen Plauderton an *Von Paul zu Pedro* und in der Treffsicherheit der Kritik an *Herrn Dames Aufzeichnungen*. Mit hinreißender Leichtigkeit und gespielt naiver Ironie entlarvt die Heldin Schwachpunkte der Psychoanalyse: den Universalitätsanspruch der Komplextheorie und die mangelnde Berücksichtigung der sozialen Verhältnisse bei der Entstehung neurotischer und psychotischer Symptome. Den Therapieaufwand des Sanatoriums kann die Heldin nicht verstehen, die meisten ärztlichen Empfehlungen erscheinen ihr geradezu absurd – auch diejenigen, die das Alter betreffen: »Von einer bestimmten Grenze an soll man vorsorgen, Leibrenten kaufen und stetiger in seinen Neigungen werden. Ich halte das für einen Irrtum und sehe gerade den einzigen Vorzug des Älterwerdens darin, dass die Zukunft einen weniger interessiert und der Moment immer wichtiger wird. Solange mir noch Tenöre von Sommertheatern himmelblaue Billetts schreiben, sehe ich nicht ein, warum ich darauf verzichten soll.« Damit unterstreicht sie das, was bereits ihr Alter Ego in *Von Paul zu Pedro* empfohlen hatte: »Die beste Vorsorge fürs Alter ist jedenfalls, dass man sich jetzt nichts entgehen lässt, was Freude macht, so intensiv wie möglich lebt.«

1917 erschien ihre Sammlung skurriler Novellen unter dem Titel *Das Logierhaus Zur schwankenden Weltkugel*. In diesen Geschichten werden alltägliche Begebenheiten so überzeichnet, dass beinahe unmerklich die Dimension des Phantastischen mit der Normalität kollidiert. Damit erinnern sie an E. T. A. Hoffmann, Gustav Meyrinck, die Romantiker, die Surrealisten und nehmen gleichzeitig den magischen Realismus Gabriel Garcia Marquez', Julio Cortázars oder Haruki Murakamis vorweg. Das Absurde durchdringt den Alltag der Protagonisten, die zusammen mit Fremden unterwegs sind und Zweckbeziehungen eingehen. Sie haben kein Zuhause, bewegen sich in den Transiträumen und »Nicht-Orten« der Postmoderne. »Bahnhöfe und Hotelzimmer – ich bin sehr glücklich. Ein unschätzbares Gefühl: nicht hier und nicht da, sondern einfach fort zu sein«, bekannte ihre Protagonistin bereits 1912 in *Von Paul zu Pedro* und kreierte damit das Leitmotiv der Geschichten.

Am 25. Juli 1918 stürzte Reventlow von ihrem Fahrrad. Dabei zog sie sich innere Verletzungen zu, die eine Operation erforderlich machten. Während des Eingriffs in der Clinica Balli in Locarno starb die 47-Jährige am nächsten Tag um vier Uhr morgens an Herzversagen. Sie wurde auf dem Friedhof Santa Maria in Selva in Locarno beigesetzt. »Es verblieben Heimweh, Erinnerungen und ein Grab«, schreibt Rolf Reventlow. Sie selbst hatte einmal – mitten im Leben – rückblickend und vorausschauend resümiert: »Ach, ich bin gelaufen, gelaufen, hingefallen, wieder aufgestanden, umgeworfen, wieder aufgesammelt, bis ich da angekommen bin, wo mein Ziel anfängt.« Franziska Gräfin zu Reventlow, die so Lebensgierige und -mutige, hatte sich immer wieder mit dem Tod beschäftigt, in ihren Romanen, ihren Briefen und Tagebüchern. »Der Tod«, sinniert die Ich-Erzählerin in *Von Paul zu Pedro*, »warum hat man wohl so viel Angst davor? Ich habe sie auch, aber dann denke ich wieder, es ist vielleicht ganz überflüssig, wir wissen doch noch gar nicht, ob es unangenehm sein wird. Es mag verdreht sein, aber ich ertappe mich sogar bei dem Gedanken: Das Leben ist so schön, obwohl so viel dagegen eingewandt wird – am Ende ist das Sterben auch gar nicht so übel.«

Gunna Wendt

Literatur

Briefe Franziska zu Reventlows im Nachlass Anna Magnussen-Petersen. Schleswig-Holsteinische Landesbibliothek, Kiel.

Mühsam, Erich: Ascona. Eine Broschüre. Locarno: Birger Carlson Verlag, 1905.

– Unpolitische Erinnerungen. Berlin: Aufbau Verlag, 2003.

Reventlow, Franziska zu: Jugendbriefe. Hrsg. von Heike Gfrereis. Stuttgart: Hatje Cantz Verlag, 1994.

– Sämtliche Werke in fünf Bänden. Hrsg. von Michael Schardt [u. a.]. Oldenburg: Igel Verlag, 2004.

– »Wir sehen uns ins Auge, das Leben und ich«. Tagebücher 1895 bis 1910. Hrsg. von Irene Weiser / Jürgen Gutsch. Passau: Karl Stutz Verlag, 2006.

Reventlow, Rolf: Kaleidoskop des Lebens (Typoskript, im Institut für Zeitgeschichte in München). Der München-Teil erschienen in: Literatur in Bayern 4/2006.

Wendt, Gunna: Franziska zu Reventlow. Die anmutige Rebellin. Berlin: Aufbau Verlag, 2008.

Zeittafel

1871   Am 18. Mai wird Fanny Gräfin zu Reventlow als fünf-
tes von sechs Kindern des preußischen Landrats
Ludwig Graf zu Reventlow und dessen Frau Emilie
im Schloss vor Husum geboren. Der Name Franziska
setzt sich erst postum durch, auch die Erklärung,
wonach sie ihren Namen Fanny gehasst habe, ist aus
heutiger literaturwissenschaftlicher Sicht umstritten.
Ihre literarischen Werke unterzeichnete sie meist mit
»F. Gräfin zu Reventlow«.

1886   Da sie sich der strengen Erziehung zur ›höheren Tochter‹ konsequent widersetzt, wird Reventlow in das
thüringische Mädchenpensionat Altenburger Magda-
lenenstift geschickt. Neben religiöser Erziehung gehört hier auch das Erlernen der französischen und
englischen Sprache zum Unterricht.

1887   Nach nur einem Jahr wird Reventlow wegen »nicht zu
bändigender Widerspenstigkeit« aus dem Magdale-
nenstift ausgeschlossen. Rückkehr zur Familie nach
Husum.

1889   Nach der Pensionierung des Vaters Umzug der Familie nach Lübeck.

1890–92 Besuch und erfolgreicher Abschluss an einem priva-
ten Lehrerinnenseminar – gegen den Willen der Eltern: Eine berufsvorbereitende Ausbildung war damals für adlige Frauen nicht vorgesehen.

1892   Im »Ibsenclub«, ihrem engsten Freundeskreis, lernt
Reventlow die zeitgenössische gesellschaftskritische
Literatur kennen, u. a. Nietzsche, Ibsen, Tolstoi, Zola.
Wegen einer heimlichen Liebschaft wird sie von ihren
Eltern zu einer Pfarrersfamilie in der Nähe von Flens-
burg geschickt, flieht von dort aber 1893 nach Wands-
bek und überwirft sich dadurch mit ihrer Familie.

1894	Hochzeit mit Walter Lübke, den sie in Wandsbek kennen gelernt hat. Er finanziert ihr ein Studium an einer Malschule in München. Schon 1895 trennen sich die beiden wieder, 1897 folgt die Scheidung.
1897	Geburt des Sohnes Rolf; den Namen des Vaters verschweigt Reventlow zeitlebens. Mit Otto Eugen Thossan veröffentlicht sie erste Erzählungen: *Klosterjungen. Humoresken.* In den folgenden Jahren verdient sie ihr regelmäßiges Einkommen vor allem mit Übersetzungen und schriftstellerischen Arbeiten für diverse Zeitungen, daneben aber auch mit Gelegenheitsjobs als Prostituierte, Sekretärin, Köchin, Versicherungsagentin oder Glasmalerin.
1898	*Das Männerphantom der Frau* (Essay).
1900	Reise nach Samos mit Albert Hentschel. *Erziehung und Sittlichkeit* (Essay).
1903	*Ellen Olestjerne*, ihr autobiographischer Debütroman. Neben ihren zahlreichen Berufen verkehrt sie viel in der Münchner Künstlerszene, v. a. mit Vertretern der Münchner Moderne, etwa Frank Wedekind, Rainer Maria Rilke oder Theodor Lessing. Ihre Erfahrungen in dieser Szene verarbeitet sie 1913 in dem Roman *Herrn Dames Aufzeichnungen*.
1910	Umzug nach Ascona am Lago Maggiore.
1911	Scheinehe mit dem Baron Alexander von Rechenberg-Linten, dessen Erbe von einer standesgemäßen Heirat abhängt. Ihr erworbenes Vermögen verliert Reventlow 1914 bei einem Bankenkrach.
1912	*Von Paulo zu Pedro. Amouresken.*
1916	Umzug ins wenige Kilometer von Ascona entfernte Muralto. *Der Geldkomplex* (Roman).
1917	*Das Logierhaus zur Schwankenden Weltkugel und andere Novellen* (Erzählungen).
1918	Am 25. Juli stürzt Reventlow mit dem Fahrrad und

verletzt sich schwer. Trotz Notbehandlung im Krankenhaus stirbt sie am folgenden Tag. Sie wird auf dem Friedhof Santa Maria in Selva in Locarno beerdigt.

1925   *Der Selbstmordverein*, Reventlows letzter, unvollendet gebliebener Roman, wird als Fragment veröffentlicht.

Inhalt

RECLAM TASCHENBUCH Nr. 20643
2021 Philipp Reclam jun. Verlag GmbH,
Siemensstraße 32, 71254 Ditzingen
Umschlaggestaltung: Anja Grimm Gestaltung
Umschlagabbildung: William Orpen: Portrait of Miss Sinclair
– © Sotheby's/akg-images
Umschlagmaterial: PEYVIDA puro 270 g/m², peyer graphic gmbh
Druck und Bindung: GGP Media GmbH,
Karl-Marx-Straße 24, 07381 Pößneck
Printed in Germany 2021
RECLAM ist eine eingetragene Marke
der Philipp Reclam jun. GmbH & Co. KG, Stuttgart
ISBN 978-3-15-020643-0

Auch als E-Book erhältlich

www.reclam.de

Lieblingsbücher
im Reclam Taschenbuch

Klassiker für
schöne Lesestunden

140 Seiten
ISBN 978-3-15-020601-0
Auch als E-Book erhältlich

Das Beste von Joachim Ringelnatz in einem Band zusammengefasst: Scherz trifft Ernst, Nonsens begegnet bitterer Zeitkritik, Skurriles steht neben poetischer Gedankenlyrik. So vielseitig ist dieser herrlich rotzfreche Dichter!

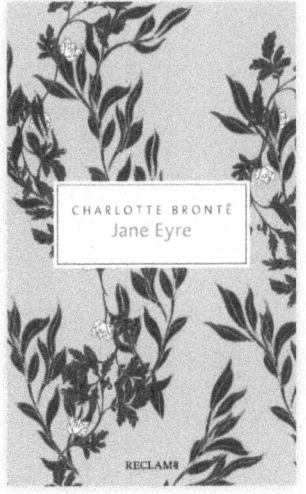

256 Seiten	736 Seiten
ISBN 978-3-15-020593-8	ISBN 978-3-15-020592-1
Auch als E-Book erhältlich	Auch als E-Book erhältlich

Die Schwestern Brontë gehören zu den bedeutendsten Autorinnen der englischen Literaturgeschichte: Charlottes *Jane Eyre* zählt zu den großen Romanen der Weltliteratur, und auch Anne hat mit *Agnes Grey* ein zeitloses literarisches Frauenschicksal geschaffen.

www.reclam.de

RECLAM

444 Seiten
ISBN 978-3-15-020591-4
Auch als E-Book erhältlich

Emily Brontës *Sturmhöhe* ist eine leidenschaftliche
Liebes- und Rachegeschichte in der rauen Landschaft
des englischen Yorkshire – eine Gegend so stürmisch
wie die Gefühle der beiden Hauptfiguren.

www.reclam.de

RECLAM◼